ちくま新書

現代日本政治

とオルタナティヴ

大井赤亥
Ohi Akai

1597

現代日本政治史——「改革の政治」とオルタナティヴ

【目次】

序章　現代日本政治の対立軸

†本書の目的

一九九三年の政界再編以降、日本政治の対立軸が不明瞭になり、政治の混迷がいわれて久しい。

冷戦期には東西対立という大きな枠組があり、日本政治もそれを国内化した「保革対立」が対立軸を構築してきた。しかし、冷戦終焉にともない「革新」は衰退し、「保革対立」も相対化されていった。一九九〇年代以降、日本政治は、「保革対立」に代わるポスト冷戦期の対立軸の構築に失敗し、政治の構図は見えにくくなった。現代政治の混迷を解きほぐし、新たな政治対立軸を顕在化させる作業が求められている。

本書の目的は、以下の四点を強調することによって、一九九〇年代以降の日本政治を捉える枠組《フレームワーク》を提示することである。

第一に、冷戦終焉以降、日本政治の対立軸が五五年体制下における「保守vs革新」から、「革新」の一方的消滅をへて広義の保守政治のみへと変化してきたこと。冷戦期の日本政治における「保守」とは、さしあたり、資本主義体制と日米安保条約を堅持する立場と定義しうる。とすれば、一九九〇年代以降、社会党の方針転換をへて、日本政治の主要勢力はほぼすべて資本主義体制と日米安保条約を受容しており、その意味で冷戦後の日本政治では「われわれすべて保守である」という状況が生まれてきた。

第二に、しかし広義の保守政治の全面化は、水ぶくれした「保守」の内部分岐、すなわち「守旧保守」と「改革保守」への二分化を招き、これが一九九〇年代以降の日本政治の対立軸を形成してきたこと。「守旧保守」と「改革保守」との抗争は、日本における広義の保守政治が、コンセンサス型意思決定によって利益配分や土建国家を担った「守旧保守」から、経済のグローバル化やポスト工業化社会への対応を迫られるなかで、日本の社会経済構造を根本的に転換させようとする「改革保守」へとしたたかに脱皮していく過程であった。

第三に、二〇一二年に誕生した第二次安倍政権は、表向きは「改革」のレトリックを掲げつつも実際には国家介入政策への回帰を示し、アベノミクスは利益配分政治と「新自由主義」との「止揚」（中北浩爾）と位置づけられること。規制緩和、民営化、自由貿易などを牽引してきた「改革保守」は、安倍政権にいたって明らかに曲がり角を迎えたといえる。そしてこれは二〇一六年のアメリカでのトランプ大統領誕生とも重なり、世界的な趨勢《すうせい》となってきた。

そして第四に、「守旧保守」と「改革保守」との対立軸のなかで、それ以外の選択肢は一方的に不可視化されてきたものの、二〇一一年以降の社会運動の再興や「自民党一強」への危機感に触発されながら、分裂散在した野党を糾合しようという動きを通じて、新たな選択肢の再構築がおぼろげながら生じている。このような変化のなかに、「改革の政治」を超えるオルタナティヴの萌芽を可能な限り読みとってみたい。

†「守旧保守」

本書の鍵概念である「守旧保守」と「改革保守」について説明しておきたい。「守旧保守」とは五五年体制下での利益誘導を担った保守政治であり、それは「強力な利益分配志向」（K・カルダー）によって特徴づけられる。すなわち自民党長期政権は、冷戦構造下で財界からの支持を独占するとともに、公共事業や補助金によって地方や農村への手厚い利益配分を行い、また産業規制によって中小企業や零細自営業を保護してきた。カルダーによれば、この利益分配重視の傾向は、保守長期政権がスタートした一九四九年以後の基調をなしてきたという(1)。

自民党長期政権は、自動車や家電製品など競争力の強い輸出型製造業から農業や建設業などの「低生産性部門」への利益配分を行い、その見返りとして農村や脆弱産業からの支持を得てきた。「守旧保守」による公共事業や開発主義は市場原理を度外視して行われることもあり、また中小企業の保護は市場による産業の自然淘汰を妨げるものであった。それゆえ財界や大企業は、自民党の利益配分政治に必ずしも全面的に同意したわけではなかったが、とはいえ社会党よりましという理由でこれらを追認してきた。

「守旧保守」による利益配分政治は、その政治手法として、利害や要望をくみあげ、調整を繰り返して合意にこぎつけるコンセンサス型意思決定とセットになっていた。五五年体制下の自民党の政策決定は、根まわしや談合を駆使しながら、各段階での「拒否権行使者(veto player)」の同意を取りつけたうえでなされてきた。有力政治家の政権運営もまた、党内融和を重視するスタイルが主流であった。総じて、多様な利害を調整する利益配分政治はコンセンサス型意思決定と親和的であったといえる。

しかし、一九九〇年以降、このような自民党の伝統的な政治手法に対して、意思決定に時間がかかるという不満や、決定責任の所在が不明確であるといった批判が寄せられていく。事実、湾岸戦争での多国籍軍支援をめぐる迷走や不良債権処理の先送り、阪神淡路大震災をめぐる官邸の優柔不断な対応など、日本政治の意思決定の機能不全は繰り返し指弾されてきた。

重要なのは、「守旧保守」のコンセンサス型意思決定に対する批判は「革新」からなされたものではなく、むしろ広義の「保守」内部の論壇を震源地にしていたことである。そのような言論を主導した学者として、佐々木毅がいる。一九八〇年代中頃から政治批評を始めた佐々木は、伝統的左派による「中曽根政権＝タカ派軍国主義」といった批判がリアリティを失い始めるなか、左派とは異なる切り口、すなわち「『決めなきゃいけないことを決められない』という、ウエーバー的、マキャベリ的観点から自民党政治の現状を批判」するようになり、山口二郎によれば、これが「すごく説得力を持ち始めた(2)」のである。

†「改革保守」

一九九〇年代以降、政治家や学者などの政治エリートによって、調整型政治はすなわち「決められない政治」として克服されるべき対象とされていく。そしてそれに対置されたのが、責任を持って決断する強いリーダーシップや「政治主導」という理念、およびそれを可能にする首相権限の強化と内閣機能の拡充など一連の制度改革であった。

「改革保守」は、このような強いリーダーシップへの希求を端緒として登場する。そして、政治に決断と実行力を求める持続的な圧力は、官僚の頭ごしに政権を運営する政治家への支持、首相公選制への世論高揚、さらにはカリスマ的政治家によるポピュリズム政治へと展開していった。

リーダーシップ強化が「改革保守」の手段であったとすれば、その目的は行政機構の縮小再編成であった。「改革保守」は、選挙で示された「民意」に依拠して、政治の決定権を官僚から政治家に取りもどし、官僚主導の開発主義を大胆に解体しようとしてきた。一九九〇年代以降、このような「改革保守」の支配的趨勢のなかでかつての古い保守政治は否定され、調整は「根まわし」と、利益配分は「ばらまき」と、既得権は「しがらみ」と翻訳し直されていった。

†「改革の政治」

このように見ると、一九九〇年前後を境として日本の政治構造は大きな転換を遂げており、そのそれぞれにおいて政治の手段と目的とが表裏一体の関係にあることがわかる。すなわち、地方や農村へ利益配分を行い脆弱産業を保護してきた「守旧保守」は多様な要望を調整するボトムアップでコンセンサス重視の意思決定手法と親和的であった。

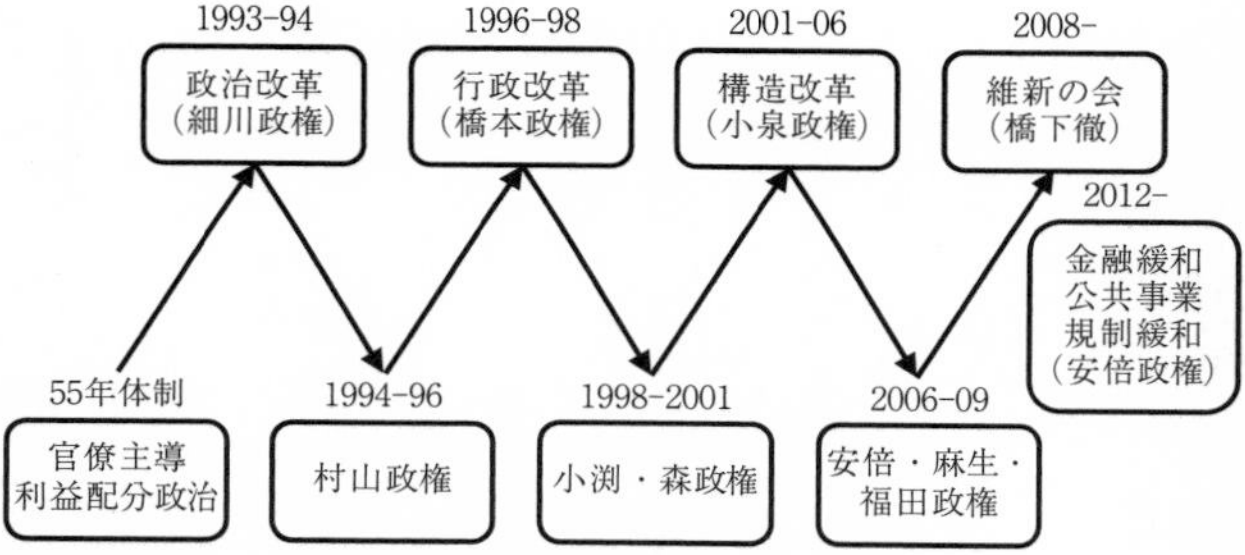

「改革保守」(上段)と「守旧保守」(下段)

他方、利益配分政治の下で保護されてきた「既得権」の縮小再編成を断行する「改革保守」はトップダウンかつリーダーシップ偏重の意思決定方式を必要としたといえる。換言すれば、五五年体制下において構築された日本の社会経済構造を再編成するためには、執拗な抵抗を克服し、政治の不安定化を厭わず、世論や有権者に訴えて「民意」の自己調達を可能にする強い政治的リーダーシップが必要不可欠だったのである。

そのうえで本書では、「改革保守」によってもたらされた、強いリーダーシップによって行政機構の縮減再編成を断行する政治を「改革の政治」と名づけたい。「改革の政治」は、ポスト冷戦期の日本政治にもたらされた統治性《レジーム》であり、本書が一九九〇年代以降の日本政治を捉える際の定点観測の基準である。

†本書の構成

「改革の政治」の趨勢には、いくつかの波があった。以下、各章の内容を紹介するかたちで、その寄せ波と引き波について素描しておこう。

第1章では五五年体制下の日本政治を規定した「保革対立」を取りあげ、「保守」と「革新」のイデオロギーと支持基盤を確認する。そのうえで、一九八九年を契機に日本政治の対立軸が、冷戦構造を反映した「保革対立」から、「革新」の衰退と広義の保守政治の内部分岐をへて、利益配分政治の維持修正を図る「守旧保守」とポスト工業化社会への適応を最優先する「改革保守」との対峙に変化していった過程を描写する。

「改革の政治」の第一波は細川政権による政治改革であり、第2章ではその経緯をあつかう。一九八九年、リクルート事件によって自民党の金権腐敗が表面化すると、その原因は即座に中選挙区制に求められ、細川政権の下、政界浄化と二大政党制の創出を目的として小選挙区制が導入された。細川政権はまた、本格的な規制緩和に乗りだした初めての政権でもあった。

「改革の政治」の第二波は橋本政権における行政改革であり、第3章ではその内実を検討する。一九九六年、橋本政権は中央省庁を一府一二省庁に再編する行政改革を実行する。

省庁再編は行政機構のスリム化と効率化を目指すものであったが、同時に内閣府が新設され、首相のリーダーシップや内閣機能の強化も行われた。

「改革の政治」の第三波が小泉政権による構造改革であり、第4章ではその過程を考察する。小泉は経済財政諮問会議を活用し、予算策定の権限を財務省から官邸に移行させた。二〇〇五年の郵政選挙では国民の支持を受けて圧勝するとともに、自民党内の「守旧保守」を「抵抗勢力」として党外化し、自民党を政権にいながら「改革政党」へと変貌させた。また、小泉政権は「改革保守」がポピュリズムと右派イデオロギーとに結びつく契機でもあった。

第5章では二〇〇九年民主党政権交代の二面的な性格を定義する。「政治主導」を掲げた点で民主党政権は強いリーダーシップを憧憬した「改革保守」の延長上にあったといえよう。他方、小泉構造改革がもたらしたとされる「痛み」の顕在化を受け、「国民の生活が第一」路線を迫られた民主党政権は、「疑似社会民主主義化した利益配分政治」の側面を持つものでもあった。

しかし、政権交代が起こると「改革の政治」はいびつなかたちで関西へ移る。それが橋下徹による大阪維新であり、第6章では橋下改革を対象とする。橋下の主張した「独裁の肯定」は政治主導の歪曲された極限形態であり、そのようなリーダーシップによって市役所や労働組合を叩く政治は、大阪のみならず横浜や名古屋、東京など都市部を中心に高揚していく。

二〇一二年に第二次安倍政権が誕生すると、「改革の政治」は曲がり角を迎える。第7章では安倍政権について論じ、それを「守旧保守」と「改革保守」との股裂き状態を一時的に不可視化させる政治的な「時間かせぎ」として位置づける。安倍は一方で規制緩和など「改革」のアジェンダを掲げながら、その実、金融緩和や公共事業など「守旧保守」の政策に回帰することになった。

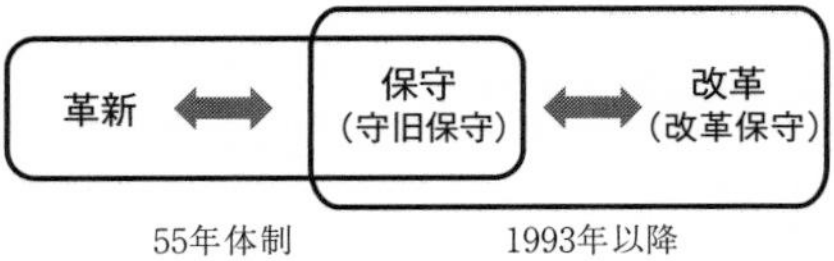

「保革対立」から「守旧保守 vs 改革保守」へ

終章では「改革の政治」に対するオルタナティヴを模索したい。二一世紀の日本政治において、「守旧保守」と「改革保守」という二つの保守政治はいずれも長期的選択肢となりえない。そこにおいて本書は、現実のなかに日本政治の新しい統治性《レジーム》の枠組を見いだし、可能な限りそれに言葉を与えてみたい。

注

(1) ケント・E・カルダー『自民党長期政権の研究――危機と補助金』淑子カルダー訳、文藝春秋、一九八九年、一二八頁。

(2) 山口二郎、宮本太郎・山口二郎『徹底討論　日本の政治を変える――これまでとこれから』岩波書店、二〇一五年、一四頁。

第1章 「保革対立」から「改革の政治」へ

1 「保守」と「革新」

†「保守」と「革新」のイデオロギー

本節では、「改革の政治」の前提として、一九五五年に成立した日本の政治構造、すなわち五五年体制下の日本政治における「保守」と「革新」に触れておきたい。

日本における「保革対立」は、政党レベルでは自民党と社会党によって担われ、そのイデオロギー的内実は、第一に、資本家と労働者との階級的利害をめぐる対立であった。自民党と社会党は社会福祉や労働者のストライキ権をめぐり対峙し、日本政治に一つの持続的な対立軸を提供してきたといえる。

「保革対立」の第二の基軸は、憲法九条か日米安保条約か、あるいは護憲か改憲かといった安全保障をめぐる争点であり、これが両者を分かつ基準となってきた。「保守」は自衛隊を合憲としアメリカとの軍事同盟によって日本の安全保障を確保しようとした。他方、「革新」は自衛隊の違憲、日米安保条約の破棄、そして憲法九条に依拠する非武装中立などを掲げた。その結果、社会党は「社会民主主義の党としてではなく、憲法九条を擁護する平和の党として」(小熊英二)認知されていくことになる(1)。

総じて、日本の「保革対立」は、資本と労働という二大階級に依拠した二〇世紀の先進工業国に普遍的な左右軸と、憲法九条や日米安保条約をめぐる賛否を軸とした特殊日本的な左右軸という二つの対抗関係が重なるようにして構築されたといえよう。

†「保守」の支持基盤

「保革対立」はまた、双方が独自の支持基盤を持ったという点で、市民社会に根を張っていた。五五年体制下での自民党は、大企業、地方農村、そして中小企業という三本柱をその支持基盤としてきた。すなわち第一に、左右社会党の統一に危機感を抱いた財界は、一九五五年、自由党と民主党との合流、すなわち「保守合同」を強く要請する。以降、自民党は資本主義体制の擁護者として、政治の安定を求める大企業からの不動の支持を独占してきた。

第二に、地方および農村である。自民党の利益配分政策の対象は、地方の比較的低所得層に偏って振り向けられ、その見返りとして地方の票を獲得する「利益と票の交換」が成立した。その結果、人口や税収の少ない地域に道路、美術館、博物館、図書館、大学、スポーツ施設など多くの公共施設が建設整備され、「地方偏重の政治」が行われることになった。とりわけ、田中角栄を送り出した新潟県、竹下登の選挙区であった島根県など日本海側、いわゆる「裏日本」の開発に多くの税収が費やされた。

「地方偏重の政治」は農村への手厚い支援とも重なっていた。カルダーによれば、保守政権による農村保護政策は、一九五〇年代初頭、吉田内閣で農林大臣を担った広川弘禅に遡る。広川は農業協同組合（農協）を整備したうえで、米作りへの多額の補助金を供給し、農協にその分配機能を肩代わりさせた(2)。農協という中間団体を通じた政府からの補助金分配は、その後の自民党政治においても一貫して継続されていく。

自民党の支持基盤は、第三に、製造業や小売業などの中小企業である。一九六〇年代以降、自民党政権は地域の商店街を大型小売店から保護したり、競合財の輸入を抑制して中小製造業を支援することによってそれらの事業者の支持を獲得していく。その結果、家族経営の小売店や零細自営業、中小製造業や下請け業者なども自民党の支持基盤に包摂され、これらが「自民党の万年与党体制を支える三本柱の、最後の一本」となる(3)。

このようにして自民党は、社会主義の脅威を恐れる財界からの支持を確実に摑《つか》むと同時に、「中小自営業や農業といった組織化された（言い換えれば、再分配型の利益配分の見返りに確実な票の獲得が期待できる）業種の有権者(4)」をも固い支持基盤として包摂してきた。

†保守政治による「社会的妥協」

もちろん、自民党の長期安定を支えたこの三本柱にも、相互に緊張関係がなかったわけではない。たとえば、大企業と農村との利益はときに相反した。F・ローゼンブルース&M・ティースによれば、自民党は成長産業から多額の税金と政治献金を集め、それを原資として農家へ補助金を分配してきた。このような過度な農業保護政策は市場メカニズムを阻害するものであった。しかし、社会党という潜在的脅威の前に、大企業もまたこれを追認してきたといえる。その結果、自民党は、財界と農業との双方から支持を繋ぎとめる「鉄とコメの同盟」を作りあげることに成功した。

同様の緊張関係は大企業と中小事業者とのあいだにも存在した。カルダーによれば、自民党による零細事業者への肩入れは「大企業の利益を犠牲にしても行われることが多かった」。しかし、大企業が優先したのは何より「保守政権の永続化」であった。したがって「財政上の問題がどうあろうとも、経済成長を取り巻く政局の安定が脅かされたときには、財界は結束し、経済的には効率の悪い、農業、中小企業、社会福祉政策の拡充をすすめてきた」(5)。その意味で自民党は、輸出型大企業と中小零細企業との「社会的妥協」をなしとげてきたといえる。

†「革新」の支持基盤

他方、社会党が支持基盤としたのは、第一に総評（日本労働組合総評議会）を中心とする労働組合であった。労働組合は自民党が包摂しえなかった最大集団であり、とりわけ官公労の労働組合は社会党の強い支持基盤となった。

第二に、サラリーマンや知的専門職などいわゆる都市部のホワイトカラーである。農村や中小企業に対する自民党の利益配分はこれらのセクターの生活水準を犠牲にして行われたものであり、比較的教育水準の高い若者層や中間層もまた自民党が包摂しえなかった階層であった。一九七〇年代以降、このような有権者層の不満が蓄積され、その一部が「革新」の支持層になったと推測される。

社会党の応援団は、第三に、学者や知識人である。左派的な文化人や大学教授は、得票に対する実質的貢献はおそらく乏しかったと思われるが、新聞や雑誌といった論壇では「戦後民主主義」のヘゲモニーを構築し、その発言は一定の権威を伴って社会党を支えてきたといえる。

もちろん、五五年体制下においても国会内のいわゆる「国対政治」では自社両党のなれあいや談合は見られた。「自民党と社会党とは地下茎で結ばれた政党」（江藤淳）であり、五五年体制とは「自社共同作業」（仲衛《なかまもる》）ともいわれた。しかしながら、冷戦下における「保守」と「革新」は、それぞれが異なるイデオロギーと支持基盤に依拠していたという点で、日本政治に持続的な対立軸をもたらしていたことは事実であろう。

2 「改革」の起点としての中曽根行革？

†第二臨調による「改革」路線

日本政治の対立軸は「保革対立」から、むしろ広義の保守政治の内部抗争、すなわち行政機構の縮小再編成を掲げる「改革保守」が利益誘導政治の維持を目指す「守旧保守」を攻撃する構図、すなわち「改革の政治」へと移行することになった。

「改革の政治」の起点をめぐっては、それを一九八〇年代の中曽根政権に求める立場と、一九八九年の冷戦崩壊に求める立場との二つがあり、本節ではそれら双方の妥当性を比較したい。

まず、日本における「新自由主義」の起動を中曽根政権下の行政改革に求める見方について検討しよう。一九八〇年代は、イギリスのサッチャー政権やアメリカのレーガン政権と並んで、日本でも中曽根政権による民営化や労働組合への攻撃が行われた。そのため、多くの論者が日本における本格的な行政改革の端緒を中曽根政権、とりわけ第二次臨時行政調査会（第二臨調）の活動に求めてきた。

一九八〇年代初頭、中曽根政権は自民党の支持層拡大に迫られ、地方農村だけでなくサラリーマンなど都市中間層を包摂しようと試みる。大嶽秀夫によれば、このような狙いの下、第二臨調は二つの路線を追求する。第一に、農業への補助金削減によって「納税者の利益」を、規制緩和による競争と商品価格の低廉化によって「消費者の利益」を実現することで、都市住民への支持を広げる戦略である。第二に、官公労を「既得権の擁護者」、「民間に寄生する集団」と批判することで官公労と民間労組との分裂をもたらし、社会党の組織基盤に打撃を与えることである(6)。第二臨調の提言に基づき、中曽根政権は電電公社や専売公社、そして国鉄などを対象にした一連の民営化政策を実現させていく。

大嶽秀夫は、このような中曽根行革の政治を日本における「新自由主義改革」の起点と捉えている。中曽根政権は、官僚や公務員に対する反感を動員しながら民営化や福祉削減といった行政改革を断行したのであり、大嶽によれば、「その意味で、二〇世紀末から二一世紀にかけての少なくとも二〇年間の日本政治の方向（アジェンダ・セッティング）は、この八〇年代前期に定められたといってよい(7)」。

社会学者の吉見俊哉もまた、「ポスト戦後社会」の政治を捉えるうえで、中曽根行革を日本における「新自由主義への政策転換」と位置づけ、ポピュリズムを駆使した政治手法や民営化政策といった点において「中曽根政権から小泉政権への多くの点での連続性」を強調している(8)。

†田中派への依存か対決か

中曽根行革と一九九〇年代以降の「改革の政治」とは、しかしながら、いくつかの根本的差異を示しており、本書はむしろ二つの「改革」の断絶性を強調しておきたい。

双方の断絶性は、第一に、田中角栄の確立した利益配分政治への依存か対立かという差異である。

元来、小派閥出身の中曽根康弘が総裁選に勝利しえたのは田中派の支持によるものであり、中曽根はその政権基盤を田中派に依存していた。そのため、中曽根には常に「角影内閣」や「田中曽根内閣」といった揶揄がつきまとった。したがって、中曽根は、田中派が構築してきた利益配分政治の構造には手をつけられなかった。一九八〇年代の自民党にとって、公共事業や補助金による資源配分と支持調達の構造それ自体を解体することは自らの存立基盤を掘り崩す行為であり、まさに「タコが自らの足を食う行為」に等しかったのである。
小泉構造改革はこれと対照的であり、その「政局的表現」とはすなわち「田中角栄が作った政治構造を解体すること」であった。それゆえ、小泉純一郎の政治的行動は田中派を継いだ橋本派を徹底的に攻撃、分断、解体しようとするものであった。

†「革新」への攻撃か「保守」の自己刷新か

第二に、中曽根行革と一九九〇年代以降の「改革の政治」との最大の相違は、中曽根行革が冷戦期の枠組における「改革」だったのに対して、細川政権以降の行政機構の再編成はいずれもポスト冷戦期の文脈における「改革」だったという点である。

一九八〇年代の日本政治は依然として「保革対立」の枠内にあり、中曽根政権は常に社会党という「左からの牽制」によって掣肘《せいちゅう》されていた。それゆえ、中曽根による国鉄民営化もまた、総評の中心的存在であった国労を弱体化させ、社会党の支持基盤を掘り崩そうとするものであった。事実、中曽根は国鉄民営化に際して、「国労（国鉄労働組合）が崩壊すれば、総評（日本労働組合総評議会）も崩壊するということを明確に意識してやった」と述べている。すなわち中曽根行革とは、広く「保革対立」のなかに位置づけられる、「右」による「左」への攻撃だったのである。

　また、そのような中曽根行革は、「左」への攻撃ではあっても、「右」の根本的な自己変容を招くものではなかった。佐々木毅が述べるように、第二臨調による行政改革は、「日本の仕組みの「改革」の必要性を国民に意識させるのに成功した」ものの、「行政を含む既存の体制（それは自民党一党優位体制と深くつながっていた）には手を付けなかったし、できなかった[9]」。すなわち中曽根行革は、利益配分政治からの自己脱却による保守政治の自己再編成に進むものではなかったのである。

　中曽根行革が「右による左への攻撃」であったとすれば、一九九〇年代以降の「改革の政治」は、「古い保守から新しい保守への自己変革を目指す保守内部の運動」というべきものであった。

　細川政治改革は、保守政治がその内部から旧来の自民党一党支配を否定し、任務を異にする保守二大政党への道筋をつける端緒となった。橋本行政改革は、それまで保守政治が依存してきた官僚機構を縮小再編成し、その効率化を図るものであった。また小泉構造改革は、「新しい自民党」によって「古い自民党」の支持基盤の解体再編を目指したものといえよう。

　すなわち「改革の政治」とは、「右による左への攻撃」ではなく、「保革対立」が消滅したポスト冷戦期の条件において、保守政治がその内部から「守旧保守」を否定解体し、新たな経済成長のために「改革保守」の統治性《レジーム》を構築しようとする、保守政治の自己再編成のための運動なのである。

3　「改革」の起点としての一九八九年

保守政治がその自己刷新に進むためには、「左派」の衰退と産業構造の変容がその前提条件であった。その意味で一九八九年は、日本政治にそれまでの枠組からの脱却を迫る転換点であった。

第一にベルリンの壁崩壊と東西対立の終結であり、これは日本政治にも大きなインパクトを与えた。佐々木毅によれば、「当時、個人的な体験として鮮明に記憶しているのは、日本の政治家たちが「冷戦の終焉」の衝撃の大きさをつねに口にし、与野党を問わず、「これまでの政治ではやっていけない」という言葉を発し続けていたことである」[10]。佐々木にとって、一九八九年はそれまでの政党政治の「終わりの始まり」であった。

第二に、冷戦終焉は東側諸国の市場開放を招き、そこに西側資本が急速に流入したため、経済のグローバル化が加速度的に進展した。この趨勢を受け、日本の政治エリートのなかでは、官僚主導の統制型経済ではグローバル経済に対応できないという声が高まっていく。

一九九〇年代以降、経団連（日本経済団体連合会）の提言は日本経済の「行き詰まり」を悲観するものが多く、このような財界の不満は、旧来の自民党に代わる「改革型保守系野党」を育成する圧力へと転じていく。

第三に、ポスト工業化社会の到来であり、一九九〇年代初頭は日本の産業構造の転換が政治という上部構造にも変化を強要し始めた時代であった。小熊英二によれば、「平成史」とは端的に製造業から情報通信などの新興産業への移行期、すなわち工業化社会からポスト工業化社会への転換期であった[11]。

一九八九年はまた平成元年でもあり、新天皇の即位は長い昭和を画した制度からの脱却を当然視する世論を醸成したといえる。

総じて一九八九年は、冷戦に規定された意識や制度が崩壊し、日本政治が「改革」というシンボルをめぐり再編成されていく契機であった。それゆえ本書もまた、「改革の政治」の起点を一九八九年におき、それを起点として日本政治を描き出していきたい。

4 「革新」から「改革」へ

†「革新」の衰退

冷戦終焉はそのまま「左右対立」そのものの終焉を意味したわけでなかった。たとえばN・ボッビオの現代的古典『右と左（*Destra e Sinistra*）』（一九九五年）は平等主義をもって冷戦終焉後の「左」を再定義するものであり、一九九〇年代のヨーロッパでは社民政権の復興も見られた。

しかし、冷戦終焉後の日本政治に生じたのは、「革新」の一方的消滅であった。元来、五五年体制下での日本では終身雇用や利益配分政治が「日本型福祉国家」を構築しており、北欧諸国のような普遍主義的な福祉国家を代替していた。一九九〇年代以降の先進国における低成長の常態化は、日本における社会主義の確立をますます困難なものにしたといえよう。

社会学者の市野川容孝は、一九九〇年代以降、社会党、社会民主連合など党名に「社会」を含んだ政党の議席数が衰退したことに注意を促している。(12) その最たる例が社会党であり、石川真澄が指摘するように、「社会主義の終焉は単純に「日本社会党」の終焉」をもたらし、日本政治の「最大の「対立軸」と思われてきたものも、それを担った二大政党の一方の消滅によって簡単に消えていった[13]」。

†「保守」の全面化

その結果、日本政治の選択肢は「保守」と「革新」から、広義の「保守」のみとなっていった。資本主義陣営への帰属と日米安保体制を戦後日本の保守主義の源流とすれば、一九九〇年代以降、日本政治の主要政党はほぼすべて「保守」の範疇《はんちゅう》に収まることになった。

しかし、「革新」の消滅後に生じたのは、「保革対立」を手放しながらも、それに代わる新たな対立軸を創出できずに呻吟《しんぎん》する日本政治の姿であった。

この点、田原総一朗の指摘は興味深い。田原によれば、「私たちの世代は、物心がついたころから、世界の国々を色分けするのに、資本主義か共産主義、ないしは社会主義というパターンを使ってきた」ものの、「冷戦が終わると従来のような共産主義＝左、資本主義＝右という座標軸は通用しなくなる」。自ら司会を務める『朝まで生テレビ！』は冷戦後の「新しい座標軸」を作ることを目的としたが、「それがつくれないまま二七年間経ってしまった。冷戦が終わって座標軸づくりが、どんどん難しくなってきた[14]」という。

かつて升味準之輔は、一九五五年に構築された政治的均衡、すなわち五五年体制を一つのダムに喩《たと》え、「将来はさらに新しいダムができるであろうけれども、現在は一九五五年のダムのなかにある」[15]と述べた。はたして一九九三年、長らく安定と均衡を保っていた五五年体制というダムは決壊した。しかし、ダムが決壊した後、解き放たれた水のエネルギーは奔流《ほんりゅう》となって統制を失い、今なお多様な渦を巻いて漂流しているのである。

†「改革」の登場

一九九〇年代以降の政局混迷の奔流は、しかし、次第に日本政治の構図に一定の相貌を浮かびあがらせていく。すなわち、ポスト冷戦期における「保守の全面化」は、広義の保守政治の内部分岐を促していった。

かねてより五五年体制下での利益配分政治は、K・カルダーによれば、保守政治の安定をもたらした反面、市場原理を度外視した公共事業や、特定の地域や産業に偏った補助金の支給を行ってきた。しかし、一九八〇年前後、経済成長の鈍化に伴って税収が減少に転じても、「いったん付いた予算は減らないという〝補助金歯止めの力学〟」が働き、自民党はこのような分配志向型の予算を転換することができなかった[16]。

冷戦下においては、自民党がときに大企業の利益を犠牲にして脆弱産業保護を行ったとしても、財界は社会党の存在を前に、「社会主義よりまし」として「保守政権による政治の安定」を最優先してきた。換言すれば、経済原理に反した公共事業や補助金をそれでも財界が黙認してきたのは冷戦構造という桎梏《しっこく》ゆえであり、自民党が倒れれば社会党政権になるかもしれないという危機感のゆえであった。

しかし、一九九三年以降の社会党の衰退によって、「もはや産業界は、左翼を恐れる必要がなくなった」（カルダー）。その結果、財界は旧来型の自民党の政策に明確に反対の意思を示すようになる。社会主義という脅威の消滅を受け、大企業は、もし自民党がこれまでの利益配分政治に固執し続ければ比較的容易に自民党を見限り、「もう一つの選択肢」としての保守系野党第一党を育成し、そちらに「改革路線」を託すことが可能になったのである。

政党政治の側もこれに呼応して「保守の内部から反自民」が出現し、それが「革新」に代わって「改革」のシンボルを掲げるようになった。その結果、日本政治は保守二大政党的な政党分布へのゆるやかな再編期を迎える。

その先鞭をつけたのが、一九九二年一二月、自民党竹下派の分裂と小沢一郎らによる「改革フォーラム21」、後の羽田派の立ち上げである。小沢は中選挙区制の廃止を基準として、それに積極的な自分たちを「改革派」、消極的な竹下派を「守旧派」と定義し、「改革」を政界再編の大義としていった。「改革フォーラム21」は、保守政治の内部からの「改革派」、すなわち「改革保守」の誕生の契機であり、選挙制度改革の実現は「自民党「改革派」のスタミナとエネルギー」（佐々木毅）に賭けられるという状況が生じていった。

元来、英語でも「改革（reform）」はもっぱら「新自由主義改革」を意味するニュアンスの強い言葉であった。イギリスの政治学者C・クラウチはいう。「過去二五年のあいだ、諸制度の「改革（reform）」を求める声は、より一層それらを市場の規律の下におき、規制を撤廃し、税金をなくし、総じて政府の役割を減少させることを意味した。「改革」は新自由主義の婉曲話法となった[17]」。しかし、「改革」という言葉がこれほど強い束縛力を持って流通した政治磁場は、日本政治をおいてないであろう。

一九九〇年代における「改革」の典型的用例として、経済学者の正村公宏《きみひろ》の論法を見てみよう。正村は一九九七年の著書『改革とは何か』において、「保守」とも「革新」とも異なる「改革派」の必要を説いている。「保守」とはその場しのぎによって困難を切り抜ける官僚政治であり、それは「日本型システム」の欠陥を放置してきた。他方、「革新」とは季節はずれにも革命幻影を追い続けた勢力である。それに対して正村は、日本の社会経済システムを改変していく意志とプログラムを持った「改革派」が必要だと強調する[18]。

正村の論法には、「保守」を否定克服するシンボルが「革新」から「改革」へと移行していく時代の磁場が明瞭に示されている。かつての「革新」に代わり、今や「改革」が社会構造変革に乗りだす結集軸として現状打開のシンボルの座を代替したのである。

総じて一九九〇年代以降の「改革」とは、「保革対立」が消滅したポスト冷戦期の条件において、保守政治がその内部から「守旧保守」を否定解体し、新たな経済成長のために「改革保守」レジームを構築しようとする、保守政治の自己再編成のための運動であったといえよう。

†「革新」と「改革」の断絶と類似

「革新」と「改革」には、それゆえ、ある種の断絶性と類似性がある。

その内実に即して見た場合、「改革」は自由市場経済と日米安保体制を受容する広義の保守政治の内部から生じ、むしろ規制緩和や民営化、対米協力をラディカルに先鋭化させることによって「古い政治」への対抗軸を演出しようとするものであり、憲法九条や親社会主義を標榜《ひょうぼう》した「革新」とは似て完全に非なるものであった。

他方、「革新」と「改革」は、いずれも自民党の利益配分政治を否定する点において類似してもいる。五五年体制下において自民党が包摂しえなかった有権者層は都市部のサラリーマン層であった。平野浩によれば、自民党は「都市部のホワイトカラーの生活水準を担保に〔農家や中小自営業などの〕再分配依存型のセクターを養うことで、長期政権を可能としてきた」[19]。

そのため、都市中間層、教育水準の高い若者層、生活感覚を体現する主婦層などは自民党による利益配分の回路から外れ、自らの納税が社会的周縁部への再配分に使われることに不満を感じ、農家や中小自営業の保護を「既得権」と見なすとともに、利益配分に伴う金権腐敗にも厳しい目を向けるようになる。五五年体制下において、このような有権者層は、漠然とした政治不満を抱えつつ浮気がちに「革新」側に動員されてきたといえる。

しかし、冷戦終焉後の「革新」の衰退を受け、これら都市中間層はその政治的表現の選択肢を失っていく。財界や大企業もまた、「社会党政権」を恐れることなく自民党への三行半《くだりはん》を突きつけ、保守系第二党への期待を表明することになる。ここにおいて、旧来型の自民党政治に立ちむかい、その「既得権」を解体しようとする「改革」は、「革新」に代わる政治的選択肢を提供するものであった。「革新」と「改革」とが、現状変革という点で一定の類似性を帯び、ある種の等価物として機能していった側面を見逃すべきではないだろう。

換言すれば、「革新」と「改革」はいずれも、利益配分を中心とする旧来型の自民党政治を批判対象とする点において類似している。しかし、かつて「革新」が五五年体制下において自民党政治を左から攻撃したのに対し、「改革」はポスト冷戦下においてそれを右から解体しようとしたのであり、その方向性において二つのシンボルには断絶性があるといえる。

†「改革」の二面性

その結果、「改革」はある種の二面性を帯びることになった。「改革」は、一方であくまで広義の「保守」の側の政治象徴でありながら、他方でダイナミックな変化をもたらす現状打破のシンボルとして機能するという二面性である。

そして「改革」は、有権者に対して「広義の保守政治の連続性」という安心感を与えながら、その安心感の範囲内でドラスティックな政治変革を演出することで、この二面性を最大限に活用してきた。「改革」は、「革新」の掲げる社会主義革命を望むほどに急進的ではないが、とはいえ積年の「保守」による長期一党支配に不満と閉塞感を抱く、ポスト冷戦期の有権者の政治的体温に最も適合していったといえる。

一九九〇年代を通じて、このような複雑な断絶と類似を交錯させながら、「革新」から「改革」への主役交代が行われていくことになった。その結果、日本の政治対立軸は、冷戦構造を反映した「保革対立」から、広義の保守政治の内部分岐をへて、「日本型システム」の維持修正を図る「守旧保守」とポスト工業化社会への適応を追求する「改革保守」との対立軸に変容していく。そして、このような「守旧保守」と「改革保守」との政治抗争で一貫して優位に立ってきたのは「改革保守」であり、それによってもたらされた日本政治の統治性《レジーム》こそ「改革の政治」であった。

注

(1) 小熊英二「総説」、小熊英二編著『平成史【増補新版】』河出書房新社、二〇一四年、六〇頁。
(2) ケント・E・カルダー『自民党長期政権の研究――危機と補助金』淑子カルダー訳、文藝春秋、一九八九年、二〇〇―二〇一頁。
(3) フランシス・ローゼンブルース、マイケル・ティース『日本政治の大転換――「鉄とコメの同盟」から日本型新自由主義へ』徳川家広訳、勁草書房、二〇一二年、一一四頁。
(4) 平野浩「日本政治の今後」、平野浩・河野勝編『アクセス 日本政治論』日本経済評論社、二〇〇三年、二六〇頁。
(5) ケント・E・カルダー『自民党長期政権の研究――危機と補助金』淑子カルダー訳、文藝春秋、一九八九年、一六一頁。
(6) 大嶽秀夫『日本政治の対立軸――93年以降の政界再編の中で』中公新書、一九九九年、五〇頁。
(7) 大嶽秀夫『「行革」の発想』TBSブリタニカ、一九九七年、一八頁。
(8) 吉見俊哉『ポスト戦後社会――シリーズ日本近代史⑨』岩波新書、二〇〇九年、一七〇―一八二頁。
(9) 佐々木毅「序章　政治改革とは何であったのか」、佐々木毅編著『政治改革1800日の真実』講談社、一九九九年、七頁。
(10) 佐々木毅「歴史の中の政治改革」、佐々木毅・21世紀臨調編著『平成デモクラシー——政治改革25年の歴史』講談社、二〇一三年、一〇—一一頁。
(11) 小熊英二「総説」、小熊英二編著『平成史【増補新版】』河出書房新社、二〇一四年、一八—二一頁。
(12) 市野川容孝『社会』岩波書店（「思考のフロンティア」）、二〇〇六年、一—七頁。
(13) 石川真澄『いま、政党とは何か』岩波ブックレット、一九九八年、四二—四三頁。
(14) 田原総一朗『日本を変える！　若手論客20の提言』潮出版社、二〇一四年、一—二頁。
(15) 升味準之輔「一九五五年の政治体制」『思想』岩波書店、第四八〇号、一九六四年六月、五五頁。
(16) ケント・E・カルダー『自民党長期政権の研究——危機と補助金』淑子カルダー訳、文藝春秋、一九八九年、一七二頁。
(17) C. Crouch, *Can Neoliberalism Be Saved from Itself?*, Social Europe Edition, 2017, p. 7.
(18) 正村公宏『改革とは何か——どのような社会をめざすのか』ちくま新書、一九九七年、三二一—三三三頁。
(19) 平野浩「日本政治の今後」、平野浩・河野勝編『アクセス　日本政治論』日本経済評論社、二〇〇三年、二六〇頁。

第2章
「改革の号砲」としての政治改革

1　「改革派」の誕生

†竹下派の行き詰まり

「改革の政治」とは、すなわち「守旧保守」から「改革保守」への保守政治の自己脱却であった。そして、政治が大きな構造転換をなしとげる際は、それまで保護されてきた「既得権」を削減解体する強力なリーダーシップが必要とされる。したがって、「改革の政治」は、有権者の明確な支持に基づく政権与党を創出し、首相官邸に権限を集中させる政治手法の改革、すなわち政治改革として始まった。

政治改革運動とは一九八八年からあしかけ六年にわたる日本の選挙制度改革であり、その端緒は、竹下政権に遡る。竹下派（経世会）を率いた竹下登は、気配りと懐柔で官僚操縦術を身につけた「調整型政治の完成者」（佐道明広）であり、自民党の利益配分政治を代表する政治家であった。

しかし、竹下政権末期は「守旧保守」の行き詰まりを示すものであった。その兆候が、第一に消費税である。かつての利益配分政治は毎年一〇パーセントを超える経済成長によって可能になっていた。しかし、経済成長の鈍化につれ、税収を得られないまま利益配分を継続しようとすれば新たな財源を求めなければならず、一九八九年四月、竹下は三パーセントの消費税を導入。しかし消費税は有権者からの強い反発を招き、「守旧保守」の支配は隘路《あいろ》に陥ることになった。

「守旧保守」の行き詰まりは第二に金権腐敗であり、一九八八年に発覚したリクルート事件は政治改革の号砲となった。冷戦期には社会主義という脅威が存在していたため、西側の保守政権における金権腐敗も財界から大目に見られていたところがあった。しかし、冷戦終焉によって汚職には厳しい目が向けられ、消費税導入に伴う納税者意識の高まりもそれを促進したといえる。

†「中選挙区制元凶論」

リクルート事件を契機とした政治改革の機運は、すぐに中選挙区制の廃止に結びつけられた。中選挙区制こそ政治家と地元利益との結託を生みだし、日本政治の意思決定の硬直化を招いているという「中選挙区制元凶論」が、卒然として流通しだしたのである。

一九九〇年代初頭の「中選挙区制元凶論」は、およそ二つの理由からなっている。第一に、中選挙区が自民党議員の「同士討ち」を招き、それが地元への利益誘導合戦に発展するため、金権腐敗を招くという批判である。

第二に、中選挙区制は野党の分裂と多党化を招いているという批判である。中選挙区制下では、公明党や民社党、共産党といった中小規模の政党も有権者の一五パーセント程度の得票率で議席を獲得できるため、各党が独自性に固執し、野党分裂が固定化する。それが政権交代を遠ざけ、政治の緊張感も失われるとされた。佐々木毅によれば、「一言でいえば、中選挙区制は与党を腐敗させるとともに、野党を頽廃させる温床だった」という。[1] 中選挙区制に代わって白羽の矢が立ったのが、イギリスをモデルとした小選挙区制であった。当時の推進論者によれば、小選挙区制によってマニフェストに基づく「政策の選択」、各党の党首を首相候補とする「首相の選択」、それらを踏まえた「政権の選択」が可能になるとされた。[2]

†民間政治臨調からの突き上げ

一九九一年に宮沢政権が発足すると、選挙制度改革は実質的に先送りにされる。宮沢喜一にとって、当時の日本を静かに蝕んでいた不良債権問題に比べ、政治改革の流行は表層的な喧噪にすぎなかったであろう。田中秀征は、「宮澤さんは心中で小選挙区制より中選挙区制のほうがいいと思っていました」[3]と証言している。

しかし、宮沢の醒めたまなざしとは対照的に、政治改革の「熱病」は財界や学者など民間の政治エリートのあいだを席巻していく。一九九二年四月、民間のシンクタンクとして「政治改革推進協議会（民間政治臨調）」が結成される。以降、民間政治臨調は、選挙制度改革をめぐる与野党の合意形成の舞台を提供すると同時に、与野党を突きあげる圧力として機能していく。

一九九二年一一月、民間政治臨調は日比谷公園に四〇〇〇人の聴衆を集めて「政治改革を求める国民集会」を開催。集会のクライマックスは「中選挙区廃止宣言」が拍手で採択されたシーンであった。若手議員によって朗読された「中選挙区廃止宣言」は、冷戦崩壊後の「歴史的な激動」から筆を起こしつつ、日本の「議会制民主政治の崩壊」への危機感を表明し、政治家の「使命感と歴史に対する責任」を謳いあげるものだが、現状閉塞の原因は何ゆえか「いまや制度疲労の極限に達した中選挙区制度」にのみ押しつけられ、「われわれは、ここに、歴史的な使命を終えた中選挙区制度との決別を決意」すると結ばれている。

後知恵で見れば、この宣言は政治改革という「熱病」に罹患した当時の政治エリートの気負いを象徴的に示すものであり、今こそ自分たちが「改革」に挑まなければ日本沈没という焦燥感をみなぎらせながら、とはいえその実、各自の使命感は行き場もなく放出されるのみであり、政治改革へのエネルギーはその発散先を求めてただ渦巻いているのだった。

†「改革派」と「守旧派」の成立

政治改革のエネルギーは、当時の自民党の最大派閥であった竹下派の内紛と結びついていった。竹下派のトップは竹下と金丸信であり、その下に橋本龍太郎、小渕恵三、梶山静六、羽田孜《つとむ》、渡部恒三、奥田敬和、小沢一郎ら「竹下派七奉行」と呼ばれる実力者が揃っていた。

しかし、水ぶくれした竹下派は、一九九二年、東京佐川急便からの不正献金によって金丸が会長を辞任すると、後継会長をめぐって羽田を担いだ小沢グループと、小渕を推薦した竹下や梶山らのグループとに二分されていく。ここにおいて小沢は、派閥内における自らの権力闘争を選挙制度改革の実現という大義によって正当化していったのである。

一九九二年一〇月、後継会長として小渕が選出されると、小沢はこれを不服として「改革フォーラム21」（羽田派）を結成、ここに自民党最大派閥の竹下派は分裂する。「ボディは羽田、エンジンは小沢」（奥田敬和）と評された「改革フォーラム21」は、自民党内から政治改革を求める勢力、すなわち自民党「改革派」の出現であり、ひいては保守政治内部からの「改革派」の登場、すなわち「改革保守」の誕生であった。

権力闘争の渦中、小沢は次のように述べている。「この対立は単なる派閥というプライベートな組織を舞台としたいわゆるボス選びとはわけが違う。……私は改革派と守旧派の対立だとはっきり認識しています。……今回の対立の根本にはそうした改革と守旧のふたつの勢力の闘いがあることを、まず皆さんに分かっていただきたい」(4)。

このようにして小沢は、選挙制度改革に積極的な自分たちを「改革派」、消極的な自民党議員たちを「守旧派」と括りあげて対立図式を描きだしたのである。「改革」はにわかに政局を支配する錦の御旗となり、「改革派」と「守旧派」という論法はその後三〇年間の日本政治を呪縛していく。

†「改革」の奔流のなかで

ちなみに、この時代の永田町の雰囲気をある議員がこう評している。「当時、永田町で連発された言葉が「改革派」と「守旧派」であった。これは従来の「保守」と「革新」とは違う。よくよく考えれば何が改革であり、何が守旧なのかさっぱりわからない、きわめていいかげんなキャッチフレーズだが、このいいかげんなキャッチフレーズが独り歩きして、猛威をふるい、真摯な論議をどれだけ損ねてしまったかわからない。むろん私も「守旧派」のレッテルを貼られたクチである[5]」。

岡目八目な政治評論を開陳するこの人物こそ、一〇年後、「改革派vs抵抗勢力」という対立軸を最大限に活用した、小泉純一郎その人であった。

小沢が即席の「改革派」へ自己再定義することによって、「守旧派自民党」批判の旗手の座を奪われた「革新」からは、当然にも恨み節が漏れた。社会党の土井たか子は、田中金脈で育てられた小沢が「改革派」に鞍替えした理不尽を説きつつ、「私のようにつつましい政治を心がけて、いまのままでやっていこうというのは守旧派ですって[6]」と述べている。山口二郎もまた「改革という言葉の空しさと、ものごとを突き詰めて議論しない日本の政治論議の浅薄さ[7]」を感じたという。

これら「革新」側からの嘆息はもっともであろう。しかし「改革派対守旧派」という論法は、その後、小沢の専売特許を離れて一人歩きを始め、日本政治を拘束する執拗低音となっていく。

小沢一郎と『日本改造論』

小沢一郎は「改革の政治」の起点となる政治家であり、その『日本改造論』(講談社、一九九三年)はその後の「改革保守」の祖形を作る著作であった。

小沢が問題視した「守旧派の政治」とは、田中角栄以来の「分配の談合」であり、そこでは「野党の言い分も聞きながら、予算を日本人同士で分配することだけが政治の仕事」であった。小沢にとって自身を育んだ田中派は、「親父や先輩に対して失礼だけど反面教師でもあった(8)」という。

『日本改造計画』は、「守旧派の政治」に代わる政治のリーダーシップを提唱するものであり、執筆は北岡伸一や御厨《みくりや》貴、飯尾潤などが担ったようであるが、同書によって小沢は「改革派の頭領」と認知され、その後の「小沢神話」につながっていく。

小沢一郎（時事）

同書で小沢が提唱する三大改革は、第一に、政治のリーダーシップの確立であり、首相の権力強化であった。小沢によれば、首相は与党と政府との分断によって「万能どころか〝半能〟の権力さえ持っていない」。それゆえ、与党の実力者をすべて内閣に取りこむ「与党と内閣の一体化」によって、「党の中枢イコール内閣という体制」を創出すべきだとされる。

執行権力をめぐる小沢の理想には、常にある種の民主集中制を窺わせるものがある。小沢にとって政治改革とは「いたずらに分散した権力を、形式的にも実質的にも民主主義的に集中すること」であった。「形のはっきりした権力が一定期間責任を持って政治を行うということ」(9)によってこそ政治は活性化するのである。

第二に地方分権であり、中央政府と地方自治体との役割分担の明確化である。小沢によれば、国政レベルでは首相に権限を集約させる反面、中央政府に不可欠な権限以外はすべて地方に移譲し、地方の自主性を尊重する必要がある。

第三に規制緩和による市場の活性化である。日本という「大きな工場」を霞が関という「工場長」が一律に管理する時代は終わった。むしろこれからは、規制を緩和撤廃し、民間企業の創意工夫や地方の独自性を促さなければならない。

総じて『日本改造計画』は、ポスト冷戦期の日本政治に「包括的なビジョン」を提起するものであり、そこに示された「新自由主義」(御厨貴)や「新右派転換」(中野晃一)は、政治家小沢一郎の栄枯盛衰を超えて一九九〇年代以降の日本政治の基調となっていった。

このような大義の下、小沢ら自民党「改革派」は、政治改革を踏み絵として自民党執行部に揺さぶりをかける一方、社会党右派や連合(日本労働組合総連合会)、公明党、民社党などへ接近し、自民党に代わる「新党構想」を模索していく。政治改革と政界再編とは二つの渦をなして交錯合体しながら、その帰趨はすべて「自民党「改革派」のスタミナとエネルギー」(佐々木毅)に賭けられることになった。

†小沢一郎という不思議

長年にわたり政権を担当してきた自民党にあり、その統治を維持温存しようとする「守旧派」の立場は理解しやすい。しかし、「自民党の旧来型の政治システムにおける最大の成功者」（野中尚人）であった小沢一郎が、なにゆえ自民党を飛びだし、外からそれに闘いを挑もうとしたのか。権力維持の合理性という観点からは理解しづらい。

一九九一年、竹下派の実力者にあった小沢は、「ぬるま湯に浸っている万年与野党を一回ガラガラポンする」ことによって「健全野党を作る以外にない」と述べている[10]。そうであれば、自民党「改革派」は、与党でありながら「健全野党の創出」を唱え、与党でありながら「政権交代の必要性」を訴えるという、いわば利敵行為ともいえる矛盾をまじめに追求していたことになる。

小沢ら自民党「改革派」の動機については、政治学者の見立ても多岐にわたっている。佐々木毅は、自民党「改革派」には「良い意味での強い使命感、自民党を超えた日本の大状況に対する使命感が存在した[11]」と指摘している。

あるいは成田憲彦は、小沢は「自民党を牛耳る権力の中枢にいながら、内心では自民党が絶対だとは思っていなかった」のであり、自身の最大の関心である「日本の政治システ

ムの欠陥」を是正するために自民党を犠牲にしたという。(12)

他方、渡辺治は小沢の関心を憲法改正や軍事大国化などの「新自由主義改革」に求め、それゆえ小沢は「改革を競い合う強力な保守二大政党制、多数党に裏付けられた強力な政府、改革法案をところてんのように通す物言わぬ国会づくり(13)」を必要としたという。

総じて、小沢の行動についてはいずれの政治学者の説明も決定打に欠くきらいがあり、「改革の政治」の起点をめぐる一つの謎として残っている。

2　五五年体制の終わり方

†三つの「非自民保守系改革派」

一九九三年の解散総選挙に際して、「非自民保守系改革派」とでも呼ぶべき三つの政党が生まれる。

第一に細川護熙《もりひろ》の日本新党であり、保守系の新党結成は、一九七六年の新自由クラブ以来、一六年ぶりのことであった。日本新党はポスト冷戦期における新しい選択肢として「新党ブーム」の火付け役となり、一九九三年衆院選では一挙に三五議席を獲得することになった。

細川もまたその政治家キャリアを自民党参議院議員からスタートさせた保守政界の出自であったが、同時に「旧来の自民党的政治、すなわち金権政治とか地域利益誘導型政治に対して、それではいけないということで立ち上がった保守政治家」[14]（藤村修）でもあった。

一九九二年六月に細川が発表した「『自由社会連合』結党宣言」には、細川の基本的な政治姿勢が象徴されている。資本主義か社会主義かといったイデオロギー対立は冷戦終結によってその意味を失った。そのうえで細川の「宣言」では、ポスト冷戦期の政治課題として、官僚政治の打破、生活者主権の確立、地方分権の徹底、多様なライフスタイルの推奨、国連を通じた平和貢献という五つの目標を掲げた[15]。このような細川新党の結党理念には、小沢一郎と並んで、その後の「改革保守」の祖形が現れているといってよい。

二つめの保守系新党は新党さきがけである。一九九三年に自民党を飛び出したさきがけは、憲法を尊重する「尊憲」、侵略戦争への反省、地球環境の保護、皇室の尊重、社会的公正からなる五項目の政治理念を発表。これらは自民党の派閥である宏池会の政治姿勢を念頭においたものであり、党首の武村正義は「われわれの考えは、おおむね「ハト派、リベラル、改革派」だな[16]」と要約している。

第三の新党はかつての自民党羽田派が結成した新生党であり、党首に羽田、代表幹事に小沢が就任。新生党の性格は小沢の『日本改造計画』を踏襲した「新自由主義」の色彩の強いものであり、結党宣言では「新しい保守主義」を標榜した。参加議員には自民党での建設族や農林族などが多く、新生党はいわば「改革派」に鞍替えした旧竹下派の集団であった。

これら三新党の性格は、いずれも「非自民保守系改革派」と総称できよう。そのうえで三新党は、既存の利益誘導や産業規制、それにともなう「既得権」や金権腐敗を批判し、行政改革、公共事業削減、規制緩和を唱えていく。「非自民保守系改革派」は、「保革対立」終焉後の政治に、「革新」に代わる現状変革のシンボルを提供していくことになる。

†財界の「保守二大政党制」構想

このような「非自民保守系改革派」という選択肢は、財界主導の「保守二大政党制」構想が一九九〇年代に顕在化したものであった。

かつて五五年体制下での自民党には、大企業と農村や中小零細事業者という二つの支持基盤があった。この二つの支持基盤は、相互に利害を相反させながらも、経済成長という万能薬がその緊張関係を不可視化させてきた。

しかし、一九九〇年代以降、二つの支持基盤における対立が顕在化していく。多国籍化した大企業は「構造改革」に転じ、それまで農村や中小零細事業者を守ってきた政治構造の解体を要求するようになったのである。そのため、自民党は二つの支持基盤の狭間でいわば「股裂き状態」（後藤道夫）に陥っていく。

このような保守政治の内部分岐は、ポスト冷戦状況の出現と大きく関係している。カルダーによれば、一九九三年以降の社会党の衰退によって、「もはや産業界は、左翼を恐れる必要がなくなった[17]」。財界は大胆に自民党に注文をつけられるようになり、自民党がそれに忠実に応じなければ、比較的容易に自民党を見捨てることが可能になったのである。

それゆえ、財界は自民党に代わる「もう一つの保守政党」を要望し始める。その見通しは、「本命与党」としての自民党を温存させたまま、自民党内の大派閥を党外化させ、社会党の解体をへて、自民党離党組と民社党や公明党など既成野党とを集約再編させながら保守系野党を形成すべきというものであった。菊池信輝によれば、一九九〇年代初頭、財界は「革新政党を粉砕、保守政党を二つにして、両者を天秤にかけることによって、少ない献金で政治を支配しようとしはじめた[18]」という。

†連合による「社民リベラル結集」の模索

労働界も、冷戦終焉後、二大政党制に向けて政界の練り直しを模索するようになる。

一九八九年に連合が結成されると、連合は自民党に代わる政権担当可能な政治勢力の結集を模索。初代会長の山岸章は、旧総評＝社会党と旧同盟＝民社党という二大勢力の糾合、すなわち「社民リベラル結集」に公明党を加えた、いわゆる「社公民路線」を追求していく。

しかし、一九九三年前後の保守政治の流動化を受けて、山岸の視野は野心的に拡大され、自民党から剝がれ落ちてくる保守勢力との提携をも視野に入れていくことになる。すなわち、連合による「社公民路線」は、小沢ら自民党「改革派」の動きともぎこちなく共振していくのである。

一九九三年二月二〇日、小沢は山岸と秘密裏に会談。小沢はこの会談で、政治改革への社会党の協力を要請しつつ、自民党が消極姿勢に留まる場合は離党の覚悟があると断言し、その際は「私たちの身柄を山岸会長に預けます」という「心憎いセリフ」(山岸)を吐く。あわせて小沢は、憲法改正や徴兵制についても「まったく考えていない」として山岸への譲歩を見せた。山岸によれば、「『わかった、やってみよう』……私をそういう気持ちにさせたのは、やはり小沢氏の「身柄を預ける」という真剣な一言だった」[19]という。

小沢による山岸への「抱きつき作戦」は、小沢が社会党をも含めた政界再編を念頭においていることを示すものであった。山岸も小沢を受け入れ、社会党に対して非自民保守系との提携に向けた圧力をかける。

こうして、自民党政権に代わる野党第一党構想は、財界が求める「保守二大政党制」の延長上に生じた小沢ら自民党「改革派」の動きと、連合や労働界からの拡大版「社公民路線」に向けた動きとが、相互に融合しながら進んでいくことになったのである。

†一九九三年総選挙

一九九三年衆院選は、ほぼすべての政党が政治改革を唱えた点で象徴的であった。選挙制度改革は与野党を横断して共有された「合意争点」となり、その方法やスピードをめぐり競合することになった。

一九九三年衆院選の結果は、三つの特徴を示すこととなった。第一に自民党はほぼ現状維持の二二三議席で善戦、党内「改革派」の抜けた後の「守旧保守」の堅固ぶりを示した。第二に新生党、日本新党、新党さきがけの保守系三新党はそれぞれ五五議席、三五議席、一三議席で躍進し、「改革保守」の支持の厚さを示した。第三に社会党の一人負けであり、「革新」の退潮である。社会党は「新党ブーム」のあおりを受けて一三四議席から七〇議席まで減少、「もはや社会党が野党の主役ではないことを国民に印象づけた[20]」（岩井奉信《ともあき》）。

一九九三年衆院選は、自民党長期政権に対抗する野党シンボルが「革新」から「改革」

へ緩やかに入れ替わり、それに応じて政治対立軸が「保守vs革新」から「守旧保守vs改革保守」へと変容していく一里塚となるものであった。

†細川政権をもたらした政治力学

三宅一郎は、保守系三新党の支持者について次のように分析している。すなわち、新生党の支持者は「農村居住者が多く、大都市居住者が少ない点で自民党的であるが、年齢がより若く、学歴がやや高い、そしてホワイト・カラーの比率が高い」。日本新党の支持者は「都会的で、学歴が最も高く、自営商工業者の比率が低いなど、自民党との差は大きい」。そしてさきがけの支持者は「年齢が最も若く、農業や自営業者が多いが、他の点では、新生党と日本新党の中間的存在」であるという。

そのうえで蒲島郁夫は、三新党支持者の性格を要約し、「新党への投票者はイデオロギー的に中道で政治不満度の高い有権者」であり、「弱い自民党支持者のうち自民党政治に不満を持つ有権者」[21]と結論づけている。かつて五五年体制下において、「自民党に不満を抱く保守的無党派」は、その政治的志向に適合する政治的代表を持たなかったが、保守系三新党はそのような有権者にとって格好の選択肢となったのである。

他方、細川政権は、細川という「非自民保守系改革派」の名役者を頭に頂きつつも、日本新党、社会党、新生党、さきがけなど八党派連立の足腰となったのは連合であった。強大な組織力を誇る連合は、新政権を支える超党派的基盤として「自民党離党組の人たちと野党各党を結びつけた」のであり、連合の山岸会長を「連立仕掛人」と呼ぶのはあながち大げさではないだろう。

総じて細川政権とは、伸長する「改革保守」と衰退する「革新」という二つのプロセスが、政局の変動期にぎこちなく合流して生じた過渡期的権力形態であった。換言すれば、自民党に代わる「保守第二政党」を求める財界の構想と、拡大版「社公民路線」を求める連合の模索とが、大きな転換期のなかで交錯合体し、両者の構造的力関係が交わった結果の中間物として捻り出された権力形態であったといえよう。

3　細川政権と政治改革

†政治改革の実現

細川は所信表明演説で「この政権が政治改革政権であることを肝に銘じる」と述べ、高い支持率を背景に選挙制度改革に乗りだしていく。

一九九三年九月、細川政権は衆議院の選挙制度に定数二五〇ずつの小選挙区比例代表並立制を採用する政治改革関連法案を国会に提出。しかし、与野党ともに制度変更への積極派と消極派を抱えながらの駆け引きが続いた。

細川護熙（時事）

一九九三年一一月、民間政治臨調は細川と自民党総裁の河野洋平を招き、約一五〇名の国会議員とともにホテルニューオータニで「政治改革の実現を求める緊急国民集会」を開催。事態打開に向けた政治家の強いリーダーシップを要求し、与野党をともに突き上げる圧力を発揮した。

はたして一九九四年一月二八日深夜、細川と河野のトップ会談が実現する。連立政権が野党の自民党案を受けいれるかたちで、議席配分は小選挙区を三〇〇、比例代表を二〇〇、比例代表の選挙区は全国一一ブロックで政党助成金は総額三〇九億円とする合意にこぎつけた。細川は当時の日記に、「野球で言えば九回裏二死からの逆転満塁ホームラン[22]」と書きつけている。

†政治改革の「必然性」

政治改革が叫ばれた背景には、たしかにいくつかの「必然性」があった。

第一に、五五年体制下での政権交代の本質的不在である。すなわち、社会党は衆院選に際して定数の過半数を上回る候補者を擁立しておらず、衆院選が原理的に「政権選択選挙」になっていなかった。曽根泰教は、このような日本の選挙の慣行を外国で説明すると、「政権選択をしない選挙というのは、概念矛盾ですよ」という反応を受けたという[23]。

第二に利益配分政治と中選挙区制との結びつきであり、保守政治が利益配分の負担を克服しようとして、選挙区へのサーヴィス合戦を強要する中選挙区制を放棄することは、論理的には合理的であったといえよう。

第三に金権腐敗の是正であり、政治汚職は「革新」にも何らかの制度変更の必要性を感じさせるものであった。渡辺治によれば、「自民党の利益誘導型政治による政治の腐敗や汚職の続発は、左翼の自民党政治批判の焦点」でもあり、「むしろ、「左翼」的、「リベラル」な学者が、政治改革の論陣の先頭に立った[24]」という。

このように政治改革は、地元への利益還元から脱却しようとする「改革保守」と、自民党の金権腐敗を批判するリベラル派との合流点に位置するものであったといえる。

†政治改革をめぐる同床異夢

では、政治改革は二大政党による政権交代をもたらしただろうか。

政治改革を高く評価する論者として、後房雄《うしろふさお》がいる。後は選挙制度改革を「戦後民主主義のバージョン・アップ」と捉え、その意義を「政権交代メカニズムが構造的に機能不全に陥って、有権者が事実上政権選択権を失ってしまった戦後民主主義から、有権者が政権選択権を直接的に行使できる「政権交代のある民主主義」への移行[25]」に見いだしている。しかし、これはあまりに楽観的な総括であろう。

小選挙区制導入の結果、どのようなプロセスで、どのような二大政党がもたらされるかについて、政治改革を主導した政治エリートたちは同床異夢であり、各人各様に自分の理想図を思い描いているにすぎなかった。

たとえば、民間政治臨調の中心人物であった内田健三によれば、小選挙区制において、各選挙区は「自民党対野党という一騎討ちの構図」に収斂《しゅうれん》するだろうという。その結果、選挙区の対立図式は「自民党vs社会党」、「自民党vs保守系無所属」、あるいは稀に「自民党vs保守系無所属vs社会党」の三つに狭まっていく。

内田の見立てでは、このような選挙を繰り返すなかで、自民党と革新系野党の対峙をイメージした「イギリスのような保守党対労働党的なパターン」か、あるいは自民党と保守系無所属とが対峙する「アメリカ的な共和党対民主党的なパターン」か、そのいずれかの二大政党制が生じるというものであった[26]。

自民党「改革派」を主導した小沢一郎の見立ては、より大胆かつアクロバティックであり、政党政治を飴細工のように形作れるという万能感に満ちている。小沢によれば、「今の自民党の政治改革法案で選挙をやれば、自民党の圧勝だ」。「三〇〇の小選挙区は自民党がほとんどとって、結局、四〇〇前後の議席を得るだろう」から、それによって「野党を一度、木っ端微塵にやっつける」。しかし、自民党は「今の体質のままで四〇〇もの議席を持ったら必ずおかしくなる」といい、「そうすると自民党も内部崩壊し、これに外部的な「これでいいのか」という動きと野党再編がからんで必然的に二大政党にいくと思う[27]」という。

他方、山口二郎による政治改革へのコミットメントは、イギリスにおける保守党と労働党の政党対立をモデルとしながら、日本において堅固な中道左派政党を作り出すという目的に依拠したものであった。山口はかねてから社会党の「現実路線化」を主張し、一九九〇年代後半以降は民主党に期待を寄せて提言を行ってきた。

しかし、小選挙区制によって中道左派政党を育成しようとした山口の試みは「裏切られた革命」に終わった。後に山口は、「イギリスのイメージから類推した小選挙区制と二大政党制との連結という安易な図式を、いわゆる「改革派」の政治家や学者が十分な吟味を欠いたまま信じ込み、選挙制度を変更し、結局政党政治そのものの改革にはつながらなかった」[28]と総括している。

ことほどさように、「小選挙区制は二大政党を招く」とされながら、そこにいたるプロセスや二大政党の性格については、各人各様の理想が同床異夢的に浮遊していたにすぎなかったのである。

†政治改革の帰結

政治改革はむしろ、いくつかの「意図せざる結果」をもたらしてきた。

小選挙区制がもたらしたものは、第一に、意外にも政権交代の「阻止」である。石川真澄によれば、二〇〇〇年衆院選において、仮に定数一八〇議席の比例代表だけで政権を争っていれば、五六議席の自民党は過半数には遠く及ばない。第二党は四七議席の民主党であり、「五六対四七なら、第一党の自民党とけんかになる」。公明党や共産党など中規模政党の議席とあわせ、「全体は御破算願いましてになって、いったい自民党中心の内閣をつくるのか、民主党中心の内閣をつくるのか、……すったもんだすることにな」ったはずだという。

したがって、石川によれば、「比例代表制ならば政権交代がありえたにもかかわらず、小選挙区制があるおかげでそれがぜんぜん問題にならないという数字になった」わけであり、小選挙区の存在によって「かえって政権交代は阻害される」と明言している[29]。

第二に、政治改革をへても二大政党制は実現せず、むしろ真逆の多党化が進んだ。政党助成法は五議席以上を有する政党に交付金を支給すると定めたため、交付金目当ての新党結成を助長してきた。交付金は毎年一月一日の議員数に応じて支給されることから、「一二月新党」が急増した。後藤謙次によれば「平成政治は新党乱造の歴史でもあった[30]」のである。

もちろん、政治改革の原初には政党政治を市民社会に根付かせるという意図があったのも事実である。小選挙区制の導入以降、この間の政治劣化の原因をよく吟味しながら、今一度、新たな選挙制度改革に向けた議論を開始する意義は少なくない。

4　細川政権と規制緩和

†規制緩和の本格的始動

細川政権を「改革保守」の原点とするうえで重要なのは、規制緩和への取り組みである。細川のブレーンたちには、日本の内需を活性化させるためには経済的規制の撤廃が不可欠という認識が共有されており、規制緩和はここで本格的な実行段階に入った。

元来、「規制（regulation）」とは、許認可権や行政指導を通じて国家が市民社会に介入することであり、経済的規制と社会的規制とに大別される。経済的規制とは、生産量や価格などの管理を通じて、資源配分の効率化と企業活動の保護を図る規制である。社会的規制とは、労働者の健康や消費者の安全、自然環境の保全などを目的とする規制である。そして日本の行政は社会的規制より経済的規制のほうが圧倒的に多い点にその特徴があった。

高度成長期、通産省を中心に設けられた種々の規制は日本の後発産業を保護発展させ、経済成長に適合的であった。しかし、一九八〇年代後半以降、日本経済がキャッチアップを終了し、成長産業が金融や情報分野へ移行するにつれ、次第に政府による規制が経済成長を妨げる桎梏に転化していく。政府はもはや新興産業を発見できず、企業もまた国家に依存して努力を怠っているとされた。経済のグローバル化もまた、企業が活動しやすい環境整備を求めて「各国間の制度間競争」を生みだし、労働や投資の規制緩和を促進してきた。総じて規制緩和は、一九九〇年代以降、自民党と民主党とを問わず時代の支配的趨勢となっていく。

†規制緩和への圧力

日本に規制緩和を求めた圧力は、そのまま「改革保守」を支えた要因と重なっていた。規制改革を求める声は、まず財界から生じる。一九九〇年代以降、財界は、政府介入が産業の新陳代謝を阻害しているとし、経済的規制の撤廃を唱えるようになる。経済同友会による報告書『日本経済の構造改革に向けて』（一九九三年）によれば、規制緩和は「企業家精神を飛躍的に高揚させ、民間企業の事業化の機会を増やし、競争を通じて不断の技術革新を進展させる」[31]。財界は、弱小産業の縮小撤退といった「痛み」を伴ってもなお、「管理された経済」から「企業家精神に満ちた市場経済」への移行を政治に求めていく。

規制緩和を求める次なる大波は、アメリカからの外圧であった。一九八九年以降、ブッシュ（父）政権は日米構造協議において日本市場の閉鎖性を執拗に問題化した。一九九三年に発足したクリントン政権は、日本の貿易黒字の削減を最優先課題とし、「内政干渉に限りなく近い政治圧力」（井手英策）を加えていくことになる。

規制緩和の代表例が、大規模小売店舗法改正である。旧来の大規模小売店舗法は、零細小売店の保護を目的とした、大型小売店に対する参入規制であった。しかしブッシュ政権はこれをアメリカ企業の日本参入を妨げる非関税障壁として批判。その結果、一九九〇年から大規模小売店舗法の規制が緩和され、郊外に大型ショッピング・モールが急増することになった。

日本国内の「消費者」もまた、規制緩和を突きあげた内なる圧力であった。長らく「消費者」は自民党の利益配分政治からこぼれ落ちた存在であり、中小自営業保護のためのコストは商品価格に転化され、「消費者」の負担となってきた。このような不満を培養土とし、一九九〇年代初頭、大前研一の平成維新の会をはじめ「消費者」や「生活者」を掲げる勢力が台頭していく。「生産者vs消費者／生活者」は、冷戦時代の「保守vs革新」に代わる新たな対立軸として打ちだされたのであった。

中西新太郎によれば、「消費者優先の政治」に突き上げられた規制緩和の趨勢は、旧来型の自民党政治に不全感を持つ都市部有権者の「消費者意識」によって支持されたものであり、「新自由主義」とリベラルな市民主義との合流点に生じたものであったという。

†「平岩レポート」

一九九三年九月、細川政権は経済改革研究会を発足させ、座長に平岩外四が就任。細川は当時の日記に、「研究会に期待するところ大」としながら、「国民生活の質的向上を目指す規制緩和や市場開放、内需拡大など内政の変革が、即、現下のわが国外交政策の基調でもあるは論を俟たず[32]」と記している。

規制改革のモデルとしては、一九八〇年代のアメリカにおける「成功体験」があった。すなわちカーター、レーガン両政権の下で航空、運輸、情報通信の三分野での大規模な規制緩和が進み、価格の低廉化や技術革新が進んだとされる。中谷巌は、これらアメリカの事例に依拠しながら、規制緩和が消費者の利益に資することを強く主張している。

はたして、一九九三年一二月、経済改革研究会は「平岩レポート」を発表。市場開放と競争原理の強化という大原則の下、「経済的規制は原則自由、社会的規制は自己責任を原則に」という規制改革の大枠を定めた。

行政機構の縮小再編成という点で、細川政権は「改革の政治」の先鞭をつけるものであった。その意味で細川政権を「日本での新自由主義改革の本格的な始期」と位置づけ、「「政治改革」こそ、イギリスのサッチャー政権が一九八四年に敢行した炭鉱大合理化と閉鎖、炭鉱労働組合に対する攻撃、またレーガン政権が八一年に行なった全米航空管制官組合への攻撃に匹敵するものであった[33]」とする渡辺治の指摘はさしあたり妥当であろう。

5 村山政権と「改革の揺り戻し」

†左右の「守旧派」による自社連立

細川後継の羽田政権は短命に終わり、政局は再び流動化。一九九四年六月、自民党に担がれた社会党の村山富市が首相に選出され、自社さ連立政権が誕生する。自民党総裁の河野が外相、さきがけの武村が蔵相、野中広務と亀井静香がそれぞれ自治相と運輸相に就任した。

細川・羽田政権とは、自民党を飛び出した「改革派」のエネルギーに駆動された「改革の政治」の先鞭であった。他方、村山政権とは、「改革保守」を中心とする連立政権に加わったが結局なじめずに政権離脱した社会党と、「改革保守」が飛び出して党内のエネルギーを失った自民党とが魚心水心的に結びついた政権であった。

自社さ政権とは、思わぬスピードで進展する「改革の政治」についていけず、戦後政治に安住してきた左右両翼の「守旧派」が身を寄せあうようにして結んだ政権であり、「改革の揺り戻し」であった。あるいはそれは、政党レジームの移行期に生じた、かつての左右双璧による五五年体制の最後の咆哮《ほうこう》であった。

†コンセンサス型意思決定

村山政権における「改革の揺り戻し」は、その政治手法に現れている。自民党はその圧倒的議席数にもかかわらず、社会党やさきがけを尊重したコンセンサス型意思決定に努めた。武村によれば、当時の自民党は「すごく謙虚で、柔軟で、しおらしかった(34)」といい、議席数では自民党二三九、社会党一五、さきがけ一三だったにもかかわらず、政権発足と同時に「自民党を三、社会党を二、さきがけを一としてものごとを決める」ルールに合意したという。

しかし、このような自社両党の提携は、五五年体制下での自社なれあいを指摘してきた小沢にとっては「不思議なことでも何でもなかった」という。小沢によれば、自民党と社会党とは「ツーカーの関係」なのだから、自社両党の連立は「他の野党と手を組むよりもずっと安心というのが、当時の自民党首脳の本音であったはずだ(35)」。事実、村山は後に「〔五五年体制下で自社両党は〕いいも悪いもね、互いに噛みしめ合って経験を積んできている。そういう意味では全然知らんもん同士よりも相通ずるものがあったかもしらんね」と述べている。

†規制改革への反動

村山政権はまた、「行きすぎた規制改革」に対する反動が現れた時期でもあった。

象徴的なのは、亀井運輸大臣による労働市場の規制緩和に対する徹底反対であろう。一九九四年、日本航空がアルバイトの客室乗務員を募集すると、亀井はこれに猛反発。「同じ制服を着て、同じ仕事をキャビンでしながら、アルバイトと正規を分けるとはどういうことだ。募集要項では待遇が雲泥の差だ。万が一の事故でアルバイトは保障がない。社会保険もない。給料も三分の一。こういうのは認められない。駄目だ」。亀井は三年をへたら全員を正規の客室乗務員にするよう、「テコでも動かないつもりで言い渡した」という。(36)

興味深いことに、「アルバイト・スチュワーデス」への亀井の反対姿勢には、社会党と伴走してきた政治学者の高畠通敏や経済評論家の内橋克人が賛意を示している。規制緩和一辺倒の趨勢に対する拒否感という点で、亀井のような「守旧保守」と高畠や内橋のような「革新」とには当初から一定の親近性があったといえる。

しかし、村山政権という「改革の揺り戻し」も束の間、一九九五年の阪神淡路大震災や地下鉄サリン事件といった社会不安を背景に、「改革の政治」は世紀末の日本政治を舞台にさらなる成長を見せていく。

注

(1) 佐々木毅『政治に何ができるか』講談社、一九九一年、一八七頁。
(2) 清水真人『官邸主導――小泉純一郎の革命』日本経済新聞社、二〇〇五年、三八六―三八七頁。
(3) 田中秀征、吉田貴文（聞き手）『平成史への証言――政治はなぜ劣化したか』朝日選書、二〇一八年、五七頁。
(4) 小沢一郎「我々はなぜ改革をめざすか」『文藝春秋』一九九二年一二月号、一三六―一三七頁。
(5) 小泉純一郎『官僚王国解体論――日本の危機を救う法』光文社、一九九六年、七九頁。
(6) 早野透『日本政治の決算――角栄vs.小泉』講談社現代新書、二〇〇三年、三九頁。
(7) 山口二郎『政治改革』岩波新書、一九九三年、三頁。
(8) 小沢一郎、御厨貴・牧原出・佐藤信『政権交代を超えて――政治改革の20年』岩波書店、二〇一三年、六一頁。
(9) 小沢一郎『日本改造計画』講談社、一九九三年、一二五頁。
(10) 小沢一郎「幹事長時代のすべてを話そう」『週刊朝日』一九九一年六月二一日号、三〇頁。
(11) 佐々木毅「序章　政治改革とは何であったのか」、佐々木毅編著『政治改革１８００日の真実』講談社、一九九九年、一二二頁。

(12) 成田憲彦「「政治改革の過程」論の試み――デッサンと証言」『レヴァイアサン』第二〇号、木鐸社、一九九七年、三五頁。
(13) 渡辺治『渡辺治の政治学入門』新日本出版社、二〇一二年、八五頁。
(14) 藤村修、竹中治堅(インタビュー・構成)『民主党を見つめ直す――元官房長官・藤村修回想録』毎日新聞社、二〇一四年、二四四頁。
(15) 細川護熙「「自由社会連合」結党宣言」『文藝春秋』一九九二年六月号、一〇〇頁。
(16) 武村正義、御厨貴・牧原出編『聞き書 武村正義回顧録』岩波書店、二〇一一年、九七頁。
(17) ケント・E・カルダー『戦略的資本主義――日本型経済システムの本質』谷口智彦訳、日本経済新聞社、一九九四年、一六頁。
(18) 菊池信輝『財界とは何か』平凡社、二〇〇五年、一九四頁。
(19) 山岸章『「連立」仕掛人』講談社、一九九五年、二五―二六頁。
(20) 岩井奉信「細川内閣」、佐々木毅編著『政治改革1800日の真実』講談社、一九九九年、一五九―一六〇頁。
(21) 蒲島郁夫『戦後政治の軌跡――自民党システムの形成と変容』岩波書店、二〇〇四年、二三五―二五六頁。
(22) 細川護熙、伊集院敦(構成)『内訟録――細川護熙総理大臣日記』日本経済新聞出版社、二〇一〇年、三二三頁。
(23) 曽根泰教『日本ガバナンス――「改革」と「先送り」の政治と経済』東信堂、二〇〇八年、二四一―二四二頁。

(24) 渡辺治「日本の新自由主義――ハーヴェイ『新自由主義』に寄せて」、デヴィッド・ハーヴェイ『新自由主義――その歴史的展開と現在』渡辺治監訳、作品社、二〇〇七年、三〇七―三〇九頁。
(25) 後房雄『政権交代への軌跡――小選挙区制型民主主義と政党戦略』花伝社、二〇〇九年、三一頁。
(26) 内田健三「政権交代可能な政治を――選挙制度改革の目指すもの」、松下政経塾魁の会編『2010年霞ヶ関物語――日本の政治はこう変わる』二期出版、一九九一年、一七五―一七六頁。
(27) 小沢一郎「政治改革やらねば総選挙がやれない」、前掲書、一八六―一八七頁。
(28) 山口二郎『イギリスの政治　日本の政治』ちくま新書、一九九八年、七頁。
(29) 石川真澄、石川真澄・田中秀征・山口二郎『どうする日本の政治』岩波ブックレット、二〇〇〇年、二三頁。
(30) 後藤謙次『ドキュメント 平成政治史3　幻滅の政権交代』岩波書店、二〇一四年、五七六頁。
(31) 経済同友会『日本経済の構造改革に向けて（最終報告）』、一九九三年、二頁。
(32) 細川護熙、伊集院敦（構成）『内訟録――細川護熙総理大臣日記』日本経済新聞出版社、二〇一〇年、七五頁。
(33) 渡辺治「日本の新自由主義――ハーヴェイ『新自由主義』に寄せて」、デヴィッド・ハーヴェイ『新自由主義――その歴史的展開と現在』渡辺治監訳、作品社、二〇〇七年、三〇七頁。
(34) 武村正義、御厨貴・牧原出編『聞き書　武村正義回顧録』岩波書店、二〇一一年、二一九頁。
(35) 小沢一郎『小沢主義――志を持て、日本人』集英社インターナショナル、二〇〇六年、六四頁。
(36) 岸川真『亀井静香、天下御免！』河出書房新社、二〇一七年、一四六頁。

第3章

行政改革と「改革を競う野党」

1　争点としての行政改革

†主敵としての公務員

「改革の政治」の第二のピークは、橋本政権による行政改革である。一九九〇年代初頭、「改革の政治」の先鞭をつけたのは小沢一郎であった。しかしその後、「改革」は小沢の専売特許を離れて独り歩きし、一九九六年以降、橋本自民党がその「お株を奪う」かたちになった。

行政改革は「改革の政治」の一貫した最重要アジェンダであり、そのコロラリーとして、「改革の政治」の主敵は常に官僚や公務員に設定されてきた。

元来、日本の官僚組織の規模は他の先進諸国に比べて小さく、公務員数も極端に少ない。二〇一三年度時点で日本の公務員数は約三三九万であり、人口の三パーセントを占めるに過ぎず、「日本は市民を雇わない国家であるという点において際立った特徴を持っている」(前田健太郎)。

しかし日本では、官僚が強い権限を持って市民社会を管理統制しているという開発国家の印象が広く浸透してきた。前田健太郎によれば、この背景にあるのは、アメリカの研究者たちが一九八〇年代に定式化した、通産省主導の開発国家としての日本像であり、「先見性のある国家が、民間企業と協力しながら、その投資を有望な分野へと誘導することを通じて経済成長を促進する姿」[1]であった。

したがって、官僚は常に「改革の政治」の敵役筆頭であり、「日本における一九九〇年代初頭は、「官僚叩き」の時代だったといってよい」[2]（カルダー）。そして、「改革保守」による官僚批判は、一九九〇年代中頃、大蔵省の過剰接待や厚生省の薬害エイズ事件など一連の不祥事が明るみに出るなか、有権者の明確な支持を獲得していくことになる。

†二つの行政改革論

一九九〇年代の行政改革は二つの出所から生じたものであった。第一に、「改革保守」による行政改革であり、すなわち「開発主義国家」の解体であった。「開発主義国家」とは、政府が大企業の成長を促進しつつ、市場競争を抑制して中小企業を保護育成していくシステムである。そして、橋本自民党による行政改革が試みたものはこのシステムの縮小再編成であり、具体的には中央省庁の許認可権と行政指導の縮小削減に求められた。

第二に、いわば「市民派からの行政改革」である。後藤道夫によれば、「開発主義国家」は軍国主義を体現した「天皇制国家の国家原理」を継承し、政官業の癒着による「独特の非民主主義的な社会構造」を帯びており、それゆえ長らく住民運動の批判対象でもあった。第二次大戦後も、「開発主義国家」は官僚機構に強い権限を与え、自民党を通じて国家と大企業や地域利害とが結びつく「独特の非民主主義的な社会構造」が作られてきた(3)。日本の市民運動はそのような「上から」の開発主義に抵抗してきたのであり、一九七三年以降の長良川河口堰反対運動は市民運動からの「開発主義国家」批判を象徴するものとなった。

市民派からの「開発主義国家」批判を体現したのは、松下圭一や五十嵐敬喜といった行政学者であろう。一九九〇年代、松下は、官庁の肥大化と族議員の跋扈《ばっこ》が行政劣化をもたらしているとし、行政に対する国会の統制、すなわち官僚に対するデモクラシーのコントロール強化が必要だと力説する。官僚を「公僕」に戻すためには、国会や自治体の議会が復権しなければならないのであり、それが松下のいう「市民版行政改革」であった。このような「市民版行政改革」によって「政治を「保守対革新」のドラマとみなした考え方からはみえなかった、「官治対自治」という明治以来の本来の政治転換がみえるように、ようやくなった(4)」。その意味で、「市民版行政改革」は「保革対立」に代わるポスト冷戦的な対立軸を市民派の側から提示するものであったといえよう。

このように、一九九〇年代の行政改革もまた、新自由主義的な「改革保守」の「反官僚主義」と市民派やリベラル派の「反国家主義」とが重なりあう合流点であったといえる。

†一九九六年衆院選

一九九六年衆院選は、自民、新進、民主の主要三党が中央省庁の大幅削減を競いあい、「行革フィーバー」ともいわれた。大嶽秀夫によれば、行政改革に対しては「マスメディア、世論の強い支持が存在」していたという[5]。

選挙戦に際し、橋本自民党は省庁数の半分程度への削減、首相官邸機能の強化といった行政改革案を提示。新進党も二二ある中央省庁を一五、そして一〇に減らす「二段階行革論」を打ちだしていく。衆院選直前に結党された民主党は、さきがけ出身議員を中心に、霞が関の解体と再生、内閣府の設置と政治的リーダーシップの確立、「官治政治」から「民治政治」への転換を訴えた。

政治改革と同様、行政改革もまた与野党横断的な課題として共有され、「行政改革は「するか、しないか」の対立軸ではなく、「どちらがいかにうまくできるか」の競争、すなわち「合意争点」となった」[6]のである。

選挙戦の結果、自民党が三〇議席近く伸ばして二三九議席、新進党が一五六議席、民主党が五二議席となり、橋本龍太郎は行政改革へのお墨つきをもらうかたちとなる。気の早い渡辺治はこの時点ですでに、自民党は「利益政治の党から新自由主義の党に変身した」と述べている。

2 橋本政権と「政治主導」

橋本行革は内閣機能の強化を意図し、いくつかの制度改革をもたらした。

第一に、合議体としての内閣の強化である。かつては大臣が「この問題は重要なので局長に応えさせます」と答弁したように、五五年体制下での自民党は政権運営において官僚に深く依存していた。それに対して橋本は、首相のシンクタンクとして内閣府を設置し、内閣府に首相直属の戦略会議を設けて内閣の法案作成能力の向上を図った。

第二に首相自身の権限強化であり、橋本政権では閣議における首相の発議権が明確化され、首相の補佐進言役として三人の首相補佐官制度が設けられた。

最後に重要なのは、内閣府の下に設置された経済財政諮問会議である。経済財政諮問会議は首相や閣僚に加えて民間有識者を引き入れ、マクロ経済政策の大枠を議論する機関として位置づけられた。小泉政権以降、それまで大蔵省（財務省）が担っていた予算作成機能は、事実上、経済財政諮問会議へと移行されることになる。

橋本行革における内閣機能の強化は、民意に基づく政治家のリーダーシップの創出という点において政治改革の延長上にあるものであった。上山信一の言葉を借りれば、橋本行革は「政治（永田町）が省庁（霞が関）をリードする体制」の構築、すなわち「『霞が関から永田町』へのパワフルな政権交代」(7)であり、その意味において政治改革と行政改革とには明確な連続性があった。

3 橋本政権と行政機構の再編成

†中央省庁の削減統合

橋本政権の目玉は、中央省庁の再編であった。橋本は省庁再編に政権の浮沈を賭し、一九九八年六月に中央省庁改革基本法により、一府二二省庁は一府一二省庁へと統合された。

橋本は大蔵省を財務省に改称するとともに、銀行、証券、保険といった金融行政の監督権限を大蔵省から切り離し、新たに創設した金融監督庁に委ねた。この他、建設省や運輸省、国土庁などが国土交通省へ、郵政省や自治省、総務庁が総務省へ、文部省と科学技術庁が文部科学省へ、そして厚生省と労働省が厚生労働省へ統合された。

このような橋本行革は、中曽根行革の「第二ラウンド」とも位置づけられよう。かつて後藤田正晴は、中曽根行革の「中途半端」を指摘し、その理由として中央省庁の削減や統廃合に踏み込めなかった点をあげている(8)。

橋本龍太郎（写真：アフロ）

その意味で、橋本行革は中曽根時代の不徹底を補ったものとする見方もできよう。

†規制緩和への圧力

橋本政権期においても、規制緩和を求めるアメリカ、財界、そして「消費者」からの圧力は強化された。

日本政治に対するアメリカからの圧力は、マルクス主義系の経済学者がつとに強調するところであり、萩原伸次郎によれば、クリントン政権は日本に対し「新自由主義的改革」を強要し、橋本六大改革は「これら米国からの要望書による要求を忠実に実行した」ものだという。佐々木毅もまた、一九八〇年代以降、「官僚制を中心に構築された体制の閉鎖性や異質性を告発する野党機能をアメリカが担った」[9]として、アメリカ政府が日本における「改革型野党」の役割を代行したとしている。

このようなアメリカからの要求は日本の財界の利益とも共振しており、萩原によれば、日本経済の「新自由主義改革」はアメリカ政府と財界との共闘によるものであったという[10]。日本市場の「消費者」が規制緩和を支えた事情も、細川政権期と同様であった。小熊英二によれば、一九九〇年代以降、都市住民のあいだで「職住の分離が進んで「仕事」志向が減少し、「余暇」志向が増大しているなか、「生産者」「労働者」であるより「消費者」であることにアイデンティティを感じる者が増えている[11]」という。消費者としての自己意識は、労働者の福利や賃金よりも「より良い商品をより安く」という要求へと転化し、結果として規制緩和など「「ネオリベラリズム」的な政策と親和性が高い」とされる。

†第二の主敵としての労働組合

市場における「消費者」の優位は、そのコインの裏側として、政治における「生産者」や「労働者」の劣位を意味した。

「消費者」と「生産者」の形勢逆転という文脈において、公務員に次いで「改革の政治」の敵とされた労働組合について触れておこう。橋本政権期の規制改革は、連合など労働組合が「改革の政治」の第二の主敵として位置づけられる契機でもあった。

久米郁男によれば、一九八〇年代、民間企業の労働組合は企業の生産活動に協力する経済合理主義路線を採用し、「新自由主義的改革への支持を直截的な形で追求した」。しかし、一九八九年の設立以来、連合は経済合理主義路線から逸脱し、行政改革に対する慎重姿勢に転化していく。その結果、労働組合を「抵抗勢力」と捉える見方が主流になってきたという。

一九九六年一一月、橋本政権は行政改革会議を立ちあげ、規制改革の内容を議論する。行政改革会議の委員には学者や財界人に加え、労働界からも連合の芦田甚之助が起用された。芦田は規制緩和について「国民的コンセンサス」が必要であると強調したが、この文脈での「国民的コンセンサス」とは「規制によって利益を得ている既得権者からの規制緩和への了承」と同義だと受けとめられた。

久米によれば、「橋本行革における芦田会長の役割は、改革路線の支持者というよりは、それをチェックし歯止めをかけることに終始した」という。その結果、連合は「既得権益擁護のために官僚や族議員とともに改革に抵抗しているとのイメージ[12]」を帯びることになり、労働組合は「改革の政治」に対する第二の主敵と位置づけられていく。

†不良債権の処理と「日本版ビッグバン」

金融改革も橋本行革の主要課題であったが、これは不良債権処理と金融の規制緩和、すなわち「日本版金融ビッグバン」からなる。これらの「改革」は、公的資金注入によって金融システムを安定させながら、金融に対する規制を緩和撤廃して市場を活性化させるという、矛盾した課題を同時に行うものであった。

バブル経済の崩壊は、金融機関による過剰融資の弊害を明るみに出し、総額一〇〇兆円以上ともいわれる大量の不良債権を発生させた。歴代政権は本格的な不良債権処理を先送りし続け、その結果、不良債権は日本経済を悩ませる持病となっていった。

一九九七年一一月の北海道拓殖銀行の破綻、山一證券の自主廃業を受け、橋本は銀行への公的資金注入を決意。一九九八年三月、二一銀行を横並びにして総額一兆八〇〇〇億円の公的資金が投入された。バブル期の銀行による放漫融資は日本経済に苦い教訓を残した。

橋本政権は、政府の責任で銀行を救済する一方で、金融の規制緩和を実行して競争を促した。日本の金融行政は、「護送船団方式」の下、大蔵省と市中銀行を中心とする閉鎖的な共同体を作り上げている。そのような問題意識の下、一九九六年、橋本政権は透明で国際的な市場原理を掲げ、「日本版金融ビッグバン」を宣言する。

その具体策は第一に、株式売買委託手数料の自由化であり、株式売買を容易化することによって投資意欲を刺激しようとした。第二に、銀行での投資信託販売の解禁である。日本の金融市場では長らく、預貯金と融資を扱う銀行と、株式や債券を扱うという証券会社の棲み分けがあった。しかし、橋本政権は銀行における投信の窓口販売を解禁し、一二〇〇兆円に上る個人の金融資産を「貯蓄から投資へ」促す誘因を設けた。

†財政構造改革の失敗

橋本政権の命運を決めたのは、しかし、財政構造改革であった。一九九七年一一月、橋本は緊縮財政の方針を明確にした財政構造改革法を成立させる。

その特徴は、第一に赤字国債の抑制であり、二〇〇三年度までの赤字国債発行ゼロが目標とされた。第二に歳出削減であり、公共事業の減額や社会保障費の支出抑制が盛り込まれた。第三に消費税の増税であり、一九九七年四月、橋本政権は消費税の三パーセントから五パーセントへの引き上げを実行する。

しかし、この消費増税はタイミングを見誤った「経済失政」であったとする評価が一般的であり、後知恵で見れば、緊縮財政への移行は時期尚早であった。折しも一九九七年七月にアジア通貨危機が発生し、日本の輸出業は打撃を受けた。一一月には金融危機も発生し、一九九八年には日本経済は戦後二度目のマイナス成長を経験。「「失われた一〇年」の中で「最も不幸な一年」となった」[13]（吉川洋）。

一九九八年、橋本は財政構造改革からの転換を表明、公共事業を中心とする一六兆円規模の総合経済対策を発表する。一九九〇年代の財政政策は、産業の構造転換に対する認識を欠いたまま、早急な緊縮財政への移行と伝統的ケインズ政策への回帰とを繰り返したといえる。

一九九八年参院選で自民党は大敗し、橋本は引責辞任。「改革の政治」の第二波は、これによって終幕を迎えることになった。

4　小渕・森政権と「改革の鈍化」

†小渕政権と積極財政

小渕・森政権の性格は、伝統的派閥政治への回帰、そして積極財政への転換という点において「改革の揺り戻し」と位置づけられる。渡辺治によれば、両政権は「改革」によって自民党から離反した農村や都市部自営業者を再び包摂しようとし、「新自由主義のスピードを鈍化させるもの」であった。

小渕政権において顕著だったのは、大規模な景気対策への本格的転換であった。小渕恵三は自らを「経済再生内閣」と称し、一九九八年一一月には二四兆円の緊急経済対策を発表。インフラ整備と所得減税によって景気浮揚を目指した。また、一九九九年四月には七〇〇〇億円の予算をつけて地域振興券も敢行することになった。

そのため、小渕の首相在任中に発行された国債は合計八四兆円となり、小渕は自らを諧謔的に「平成の借金王」と呼んだ。小渕は周囲に、「大変なことをしたと思っている。おれは死刑になってもおかしくないなあ」と述べたという。

†連立政権の常態化

この自民党の特徴は、連立政権の常態化であった。自民党を長年支えてきた農協や医師会、建設業協会といった団体は一九八〇年代後半から弱体化し、組織票も漸次低下していく。その結果、一九九三年以降、自民党は政権を安定させるために他党との連立が欠かせないものとなった。

小渕自民党は、一九九八年一一月、新進党から分党した自由党との連立を発足させる。この時期の小沢は依然として「改革保守」のアジェンダに強くこだわっていた。そのため、小渕政権は自由党との連立によって、副大臣と政務官の設置、国会で官僚が答弁する政府委員制度の廃止や党首討論の導入など「政治主導」の採用を余儀なくされた。

他方、公明党との連立は積極財政という側面において小渕政権の「守旧保守」の性格を強めたといえる。その象徴が、七〇〇〇億円分の商品券を配布した地域振興券であり、これは自民党が「公明党を取り込みたい一心」(後藤謙次)で繰り出した譲歩策であった。

自民党に公明党との連立を強いた理由は、島田裕巳によれば、「根本的には自民党の退潮、支持基盤の弱体化という事態と小選挙区制の導入」であった。[14] 連立樹立により、農村部に強い自民党と都市部に支持基盤を持つ創価学会とは、一種の補完関係を結んだといえる。

†森政権の混迷

小渕は二〇〇〇年四月に脳梗塞で倒れ、入院。後継首相の森喜朗の選出過程は不透明なうえ、森は失言を繰り返し、支持率は低迷していく。

森を待ちうけていたのは、加藤の乱という試練であった。二〇〇〇年一一月、かねて森政権に批判的立場を示してきた加藤紘一は、野党提出の内閣不信任案に賛成する考えを表明、事実上の倒閣宣言を行う。

これに対し自民党執行部は野中幹事長を先頭に猛烈な切り崩しを行い、加藤派からは議員が寝返っていった。結局、宮沢喜一や古賀誠など実力者も反加藤の側に立ち、不信任案は否決。「自民党のプリンス」とされた加藤は失脚し、宏池会も分裂することになった。

加藤の乱鎮圧に威力を発揮したのは、小選挙区制であった。野中は加藤派の議員に対して、造反議員は次の衆院選において公認せずに対抗馬を立てると脅迫した。石原伸晃は次のように証言する。「〔自民党執行部は〕小選挙区の支部長をはずすぞという脅しのもとに〔加藤派を〕締め上げていった。これが意外に効いた。というのは、企業・団体から個人への献金が禁止され、事実上政党を通じてしか政治資金を集められなくなっていましたから、生きていけないわけですよ」[15]。選挙制度改革によって公認権と資金配分権を独占した執行部は、一枚岩的な党支配を行いえたのである。

総じて小渕・森政権は、その手法と目的において「改革の鈍化」であった。両政権は調整を重視するその手法において「自民党の伝統的派閥政治が完全復活したかのよう」（竹中治堅《はるかた》）であった。また両政権は、財政構造改革を停止して社会的周縁部への「バラマキ」を再開し、「新自由主義改革の引き延ばし」を決め込んだ「癒し政権」（渡辺治）であった。

5 野党の変容

†社会党の自壊

一九九〇年代は、自民党に対抗する野党第一党が社会党から新進党、そして民主党へと移り変わり、「改革を競う野党」が創出されていった時代であった。

五五年体制の一翼を担った社会党は、自社連立をへて、自壊の道を辿っていく。村山は一九九六年、国会で日米安保体制堅持、自衛隊合憲、日の丸・君が代尊重を表明。社会党の路線転換は古くからの支持層の批判を招くものであり、高畠通敏はこれを「社会党の転向」、「保守路線への全面降伏」と切り捨てている。社民党への党名変更、自社連立の解消後も社民党は衰退の一途を辿り、二〇〇〇年代には一桁の議席数に落ち込んでいく。

一九九〇年代の社会党は、「利用し尽くされた政党の悲しい歴史」であった。薬師寺克行によれば、一九九三年、真っ先に社会党を利用しようとしたのは小沢一郎であり、社会党は細川連立政権の屋台骨となった。その後、自民党によって社会党は政権に「祭り上げ」られ、公明党との連立を前に「使い捨て」られ、最期は民主党にとっての草刈り場となっていった[16]。その結果、社民党は左派系議員の集まりに変容縮小していったといえる。

社会党は、一九九三年以降の政界再編期において一貫して与党の座にあったものの、その姿勢は一貫して受動的であり、政局のイニシアティヴを握ることも、ポスト冷戦期の日本政治のヴィジョンを打ち出すこともできなかった。自民党「改革派」が五五年体制下での「守旧保守」からポスト冷戦期における「改革保守」へとしたたかに変化したのに対し、社会党はいわば「守旧革新」とでもいうべき惰性に留まり続けてしまった。その結果、社会党は「改革に逆行する保守的、退嬰的な政党というイメージ[17]」を一身に背負ってしまったのである。

†新進党の登場と瓦解

日本における無党派層は、一九九六年を境に四割から六割近くまで顕著に増加する。この巨大な無党派層を包摂するかのように、一九九四年一二月、新生党、公明党、日本新党、民社党などが解党して新進党を結成。党首に海部俊樹、幹事長に小沢一郎が就き、自民党に比肩する巨大野党の誕生であった。

新進党の結党大会ではベートーベンの第九が合唱されたが、これには君が代でもインターナショナルでもない、すなわち自民党でも社会党でもないという意図が込められていたという。

新進党の誕生は、自民党に対抗する野党第一党が社会党から「改革を競う野党」へ移行したことを如実に示している。新進党の理念を問われて、「わが党は「革新」ではなく「改革」です」と答えた初代党首海部俊樹の言葉は、一九九〇年代の日本政治をこのうえなく象徴するものであろう。すなわち海部は、「革新」が持つ社会主義臭を嫌い、とはいえ古い自民党への対抗軸を示す必要性に迫られ「改革」という言葉を使ったのである。このようにして、「改革」は自民党に対峙するための新たなシンボルとなっていく。

しかし、新進党の実態は、小選挙区で自民党に対抗できる勢力構築を目的とした「選挙互助会的政党」（薬師寺克行）であり、「連立野党」（平野貞夫）であった。幹事長の小沢は、海部を党首に祭りあげて自身は党務の実権を握るという二重権力構造を作りだしたが、小沢の党運営に反発して、一九九六年には羽田が離党して太陽党を結成。翌年には細川も新進党を離党する。内部対立に加え、自民党からは、新進党を支える公明党や創価学会への激しい攻撃が加えられた。

内憂外患に苛まれるなか、一九九七年一二月、小沢は新進党の解党を宣言。新進党に集った政治勢力は雲散霧消していく。

†民主党への収斂

新進党の結成と並んで、さきがけや社会党を母体としつつ、鳩山由紀夫や菅直人、仙谷由人らによって、非自民非新進の新党も模索された。鳩山の新党構想は、村山や武村などの実力者を排除しつつ、民主党として実現する。

一九九六年九月、民主党の結党大会が開かれ、鳩山と菅が共同代表に就任。参加した国会議員は衆参五七人で、大半が社民党とさきがけからの参加だったため、結党当初の民主党には社民党色が強く移植されていた。社会党に代わる提携政党を模索していた連合にとっても、民主党結成は新しい政治のパートナーとなった。また民主党は結党当初から行政監視院の設置を唱えるなど、さきがけ出身者を中心に行政改革にも熱心であった。

一九九六年から一九九七年にかけては、与党自民党に対して野党は新進党と民主党とが並び立つという三党鼎立《ていりつ》状況が生じた。これはいわば、どの党が「改革保守」の主役を担うかをめぐる帰趨がいまだ流動的な、政界再編の過渡期に現れた三極構造であったといえよう。

新進党解党は民主党にとって大きな転機となる。一九九八年四月、民主党は新進党から離脱してきた政治勢力と合流して新民主党を結成し、一気に衆参一三一議席を擁する野党第一党となった。その結果、旧民主党では社会党出身者が最多の四四パーセントを占めていたが、新民主党では新進党出身者が二六パーセントを占めることになった。[18]

新進党からの離党者の包摂は、新民主党の性格を「改革保守」の方向に大きく引き寄せたといえる。新民主党は党の基軸を「民主中道」と定めるが、これは旧民主党の菅が唱えた「センター・レフト（中道左派）」に対して、新進党の流れを汲む民政党が「保守中道」を主張し、その折衷策として選ばれたものであった。

6 「改革派知事」の登場

一九九〇年代はまた、いわゆる「改革派知事」が登場した時代でもあった。「改革派知事」とは、保守系無所属の立場で地方自治体の首長選挙に当選し、既成政党の「しがらみ」に囚われない立場から、ときに議会との対立も辞さない姿勢で公共事業の削減、情報公開、議会改革、減税、地方分権などを進めた知事と定義できよう。「改革派知事」は、広義の保守系から派生しながら、市民派やリベラル派からも一定の支持を得てきた。

一九九〇年代の「改革派知事」としては、岐阜県の梶原拓《ひろむ》（在任一九八九―二〇〇五）、高知県の橋本大二郎（在任一九九一―二〇〇七）、宮城県の浅野史郎（在任一九九三―二〇〇五）、三重県の北川正恭《まさやす》（在任一九九五―二〇〇三）、岩手県の増田寛也（在任一九九五―二〇〇七）、鳥取県の片山善博（在任一九九九―二〇〇七）などが挙げられる。

「改革派知事」は、その手法と目的の双方において「改革保守」の趨勢を地方自治体で実践するものであった。「改革派知事」はマニフェスト型選挙によって争点を明確にし、強いリーダーシップによって情報公開や事業評価システムなど民間企業運営の手法を取り入れていった。砂原庸介によれば、「改革派知事」の基軸となったのは、税金を無駄なく有効に使うという「納税者の論理」であったという[19]。

一九九〇年代に「改革派首長」が生まれた自治体の多くは、東京や神奈川、大阪など一九七〇年代に革新自治体が生じた都市部でもあった。革新自治体と「改革自治体」とのあいだに人脈やイデオロギーの点で連続性はない。むしろ、社会主義に親和的であった革新自治体と、民間企業の経営手法によって行政の効率化を図った「改革自治体」とは、その政策の方向性において真逆である。「改革派知事」は決して「革新系」ではなく、あくまで「保守系」なのである。

しかし、革新系知事と「改革派知事」とには、いずれも「非自民」という共通性がある。両者はともに自民党の談合政治や利益誘導を批判したのであり、その批判が社会主義のイデオロギーに基づくか、納税者の論理に基づくかの違いがあるにすぎないともいえる。双方は、古い自民党の政治を拒絶するという点においてその機能を代替したといえよう。

7 一九九〇年代の「改革」の総括

†「改革」への通信簿

一九九〇年代は、「改革の政治」が波状的に打ち寄せた時代であった。では、このような「改革」は日本社会をどのように変えたであろうか。

「改革」を抑え込む日本社会の特徴を論証した研究として、E・リンカーンによる『それでも日本は変われない（*Arthritic Japan: The Slow Pace of Economic Reform*）』（二〇〇一年）がある。リンカーンによれば、一九九〇年代は「改革」の大合唱に包まれたものの、一連の「改革」は第二次大戦中に構築された「筋金入りの介入主義者」としての「日本型経済モデル」を解体しえなかったという。

リンカーンによれば、五五年体制下の利益配分政治は、根強い「既得権」とそれを守ろうとする圧力団体の盤石さゆえに十分に解体されていない。「改革」が促進されるためには、税金の無駄使いに対する有権者の鋭い批判意識が必要となるが、サラリーマンは源泉徴収制度によって痛税感が希薄であり、「改革」を後押しする納税者意識が十分に育成されてこなかったという。

規制緩和もその実、「政治家が官僚のところに行って、彼らに規制緩和の計画をうまく作るように頼むという構図であった」。そのため、官僚主導による規制改革は、規模も小さくスピードも遅れがちであるという。

また、企業による解雇権の濫用を無効とした一九七五年の最高裁判決が制約となり、一九九〇年代を通じて大企業における終身雇用も堅固に温存されており、このような雇用保障が労働市場の流動化に対する歯止めになってきたという。

†利益配分政治の受益者の幅広さ

一九九〇年代の「改革」を不徹底なものにした原因として、リンカーンが最も強調するのは、利益配分政治の「既得権」の幅広さである。第二次大戦後の日本では、政府による利益配分に依存し、その恩恵にあずかる産業群が社会全体に毛細血管のように張りめぐらされてきたのであり、その「既得権」のネットワークが経済構造の転換を困難にしているのである。

リンカーンによれば、一九九三年から一九九六年の調査において、「日本型経済システム」によって利益を得ていると考えられる職種、すなわち農林漁業、終身雇用下の就業者、公務員、建設部門、小規模卸売業や小売店、零細製造業などに従事する雇用者の合計は、総雇用者のうち五三・九パーセントを占めるという。したがって、「システムの大改革で利益を失うことになるグループに、日本の成人の大半が優に一つ以上は属しているものと思われる」[20]。この「既得権層」は大きなシステム変化を望んでおらず、それゆえ、「既得権の幅の広さが、真の改革を遅らせている大きな要素」となっているという。

このようなリンカーンの指摘は説得的であり、一九九〇年代の「改革の政治」のパフォーマンスに対する総括となるものであろう。しかし、リンカーンの分析対象は一九九〇年代の日本経済に限られている。二〇〇〇年代に入ると、「改革の政治」は小泉構造改革という真打ちを迎えることになる。

注

(1) 前田健太郎『市民を雇わない国家――日本が公務員の少ない国へと至った道』東京大学出版会、二〇一四年、四〇―四一頁。

(2) ケント・E・カルダー『戦略的資本主義――日本型経済システムの本質』谷口智彦訳、日本経済新聞社、一九九四年、九頁。

(3) 後藤道夫『現代のテキスト　反「構造改革」』青木書店、二〇〇二年、一五三頁。

（4）松下圭一、松下圭一・菅直人・五十嵐敬喜「行政権とは何か――「官僚内閣制」から「国会内閣制」へ」『世界』岩波書店、一九九七年八月号、四三頁。
（5）大嶽秀夫『「行革」の発想』TBSブリタニカ、一九九七年、一一頁。
（6）中井歩「内閣機能の強化と行政の役割」、『岩波講座　憲法4　変容する統治システム』岩波書店、二〇〇七年、一四〇頁。
（7）上山信一『大阪維新――橋下改革が日本を変える』角川SSC新書、二〇一〇年、七七―八〇頁。
（8）後藤田正晴「後藤田正晴氏に聞く」、大嶽秀夫『「行革」の発想』TBSブリタニカ、一九九七年、三八五―三八六頁。
（9）佐々木毅「歴史の中の政治改革」、佐々木毅・21世紀臨調編著『平成デモクラシー――政治改革25年の歴史』講談社、二〇一三年、一一頁。
（10）萩原伸次郎「世界経済の構造変化をどうみるか――戦後70年の日米経済関係を基軸に」、渡辺治他『戦後70年の日本資本主義』新日本出版社、二〇一六年、一〇四―一〇七頁。
（11）小熊英二「総説」、小熊英二編著『平成史【増補新版】』河出書房新社、二〇一四年、六二頁。
（12）久米郁男『労働政治――戦後政治のなかの労働組合』中公新書、二〇〇五年、一一一頁。
（13）吉川洋『構造改革と日本経済』岩波書店、二〇〇三年、四九頁。
（14）島田裕巳「国民政党に脱皮できなかった公明党と創価学会」、御厨貴編『変貌する日本政治――90年代以後「変革の時代」を読みとく』勁草書房、二〇〇九年、九九頁。
（15）石原伸晃、山口二郎編著『日本政治　再生の条件』岩波新書、二〇〇一年、四一頁。

(16) 薬師寺克行「〈解題〉「新党」という魔物に憑かれた政党」、薬師寺克行編『村山富市回顧録』岩波現代文庫、二〇一八年、三二六―三二七頁。
(17) 山口二郎『ポスト戦後政治への対抗軸』岩波書店、二〇〇七年、一三頁。
(18) 木寺元「日本における民主党と政権交代への道――政策的許容性と包括性」、吉田徹編『野党とは何か――組織改革と政権交代の比較政治』ミネルヴァ書房、二〇一五年、一五三頁。
(19) 砂原庸介『大阪――大都市は国家を超えるか』中公新書、二〇一二年、一二五―一二七頁。
(20) エドワード・リンカーン『それでも日本は変われない』伊藤規子訳、日本評論社、二〇〇四年、一二七―一二八頁。

第4章

構造改革と保守政治の再編成

1　構造改革の定義

†「小泉劇場」の登場

二〇〇〇年代の「改革」を代表するのは構造改革であり、小泉政権は「改革の政治」の第三にして最大の山場であった。

二〇〇一年四月、小泉政権が発足。小泉は自らを「改革断行内閣」と位置づけ、「改革」シンボルとの同一化を印象づけた。また、経済財政担当相に竹中平蔵を起用し、以降、竹中は「小泉改革のシナリオライター」（後藤謙次）として劇場政治のプロットを手掛けていく。

特筆すべきは、小泉構造改革に対する賛否が党派を横断していた点であろう。二〇〇一年五月、小泉が所信表明演説で「私の内閣の方針に反対する勢力はすべて抵抗勢力」と喝破すると、自民党の重鎮たちが渋い表情を見せる一方で、若手議員たちからは自民党と民主党とを問わず歓声があがったという。

二〇〇一年七月、小泉は高い支持率を維持したまま参院選に突入。構造改革に対して自民党内から反発が起こると、小泉は開き直るように自民党を「ぶっ壊す」と絶叫した。小泉は戦略的に「自民党は嫌いだが小泉は支持する層」にメッセージを送ったといえる。

また、小泉による「自民党の破壊」は自民党以上に民主党を用無しにし、鳩山率いる民主党は攻め手を失う。構造改革への与野党横断的な期待を背景に、小泉は「改革に賛同する方は政党にとらわれずに協力してほしい」と呼びかけ、野党の動揺と分断を誘った。「野党以上に野党的な小泉首相」の誕生で、民主党は「改革」の旗印を奪われ、「改革の本家本元はこちら」と厳しい抗弁に終始せざるをえなかったのである。

†広義と狭義の構造改革

小泉政権の掲げた「構造改革」という言葉には、広義と狭義の二つの定義がある。

広義の構造改革とは、「労働力、資本、技術といった我が国の持てる貴重な資源を、生産性の低い分野から、生産性の高い分野や社会的ニーズの高い分野に移動すること」と定義される(1)。経済財政諮問会議の「骨太の方針」によれば、いかなる経済においても需要の伸びの高い成長産業と生産性の低い停滞産業とがあり、停滞産業に代わって新しい成長産業が不断に登場する「創造的破壊」こそが経済発展の源泉である。広義の構造改革とは、このような「創造的破壊」を政府主導ではなく民間企業のダイナミズムに委ねるための「改革」に他ならない。

他方、狭義の構造改革とは、田中派の構築した利益配分政治の解体であった。一九七〇年代、田中角栄は中央から地方への税収移行の仕組みを作るとともに、中小事業者の要望を政治に反映させ、その見返りとして自民党への支持を獲得するという政治システムを構築した。そして、小泉の政治活動の原点は「反田中派」であり、田中派を支えたこのような政治システムへの挑戦であった。

一九六九年衆院選に初出馬して落選した小泉は、その後、福田赳夫の秘書を務める。その福田は一九七二年七月、自民党総裁選で田中角栄に敗北を喫する。総裁選敗北の夜、私邸に戻った福田はやけ酒をあおっては田中派の金権選挙を論難し、小泉はその酒の相手を務めた。これが小泉の「反経世会の原点」(山崎拓)であり、中北浩爾によれば、「このような出発点ゆえに、多様な政策分野に族議員を抱え、利益誘導政治を通じて豊富な資金力を誇り、自民党を支配する田中派との闘争が、小泉の政治的モチーフとなった[2]」。

このように、構造改革とは民間主導型経済への転換と「田中政治の否定」という広狭二つの目的が重なるかたちで展開されていったといえよう。

2 小泉政権とリーダーシップ

†総裁の権限強化

「改革の政治」は強いリーダーシップによるトップダウン型の政治手法を理想化してきた。そのため、一九九〇年代の制度改革を通じて、陣笠議員や族議員に対する「総裁/党首(多数党のトップ)」の権力、そして官僚に対する「総理(行政府の長)」の権力はいずれも強化されてきた。

政治改革は、結果的に自民党総裁の党内権限を強化してきた。自民党において族議員と官僚とは提携しており、官僚主導は族議員主導と同義であった。[3] それゆえ、両者の結託を制圧するために、総裁の権限強化が必要になったのである。

自民党における総裁の権限強化は、第一に候補者の公認権と政党助成金の配分権によるものであり、小泉はこの二つの権力を駆使することで党を統率した。[4] 第二に組閣人事における派閥無視であり、世論の支持を得た小泉は入閣候補について派閥推薦を受けないと宣言。竹中平蔵や田中真紀子らを起用しながら最大派閥の橋本派を一貫して冷遇してきた。

小泉純一郎（写真：ロイター／アフロ）

小泉の特異な党運営は、第三に事前審査制の軽視であり、二〇〇二年、小泉は総務会の了承を得ないまま法案を国会に強行提出した。竹中治堅によれば、「与党が反対しても、首相の判断一つで法案を国会に提出できるという前例がつくられたことは、首相の権力を確立するうえで、大きな政治的意味があった[5]」という。

†首相の権限強化

行政改革は、官僚に対する首相の権限強化をもたらした。首相の権限強化として決定的だったのは、経済財政諮問会議の設置とそれによる予算編成権の財務省から首相官邸への移行である。自民党長期政権下における予算編成は実質的に大蔵省主計局が行ってきたが、橋本行革によって設置された経済財政諮問会議は、小泉政権期には事実上の予算編成の場所へと変貌していった。

興味深いのは、経済財政諮問会議の代名詞となった「骨太の方針」という言葉である。「骨太の方針」は、経済財政諮問会議の位置づけが定まらない時期に宮沢喜一財務大臣が述べた、「政策は財務省に任せて、諮問会議は大所高所から骨太の議論をしてくれれば結構」という発言に端を発しており、そこには経済財政諮問会議を単に日本財政の抽象的方向性を語りあうサロンに留め置こうという思惑があった(6)。

しかし、竹中はネガティブな意味で唱えられた「骨太の方針」を「逆手に取ろう」と考え、経済財政諮問会議を実質的な予算編成の場へ、さらには「改革のエンジン」へと変容させていったのである。その結果、小泉政権下では、経済財政諮問会議が予算規模を決定し、財務省がその査定作業を行う役割分担が定着する。それは同時に、首相官邸主導の一元的な予算編成過程を作りだすものであった。

小泉構造改革は「経済の構造改革」であると同時に、意思決定の一元化を目指した「統治の構造改革」でもあった。そして、小泉による「統治の構造改革」は、旧来の自民党政権における内閣と与党、内閣と官僚との共生依存関係を破壊してまで首相官邸の権限を強化していく点に特徴があった。小泉が総理総裁の座を「株式会社自民党の社長」から「ベンチャー首相」(中曽根康弘)へと変化させたと指摘される所以《ゆえん》であろう。

3　小泉政権と構造改革

†不良債権の処理

小泉構造改革が直面した最初の課題は、小泉が引き継いだ「負の遺産」、すなわち不良債権の最終処理であった。

二〇〇二年九月、金融担当相を兼務した竹中は「金融再生プログラム」を発表し、銀行の資産査定の厳格化やガバナンスの強化と引きかえに銀行への積極的な公的資金投入を発表、二〇〇三年にはりそなホールディングスへ一兆九六〇〇億円の公的資金が投入された。これにより、主要銀行における不良債権比率は二〇〇一年度の八・四パーセントから二〇〇四年度には二・九パーセントに改善されることになった。

小泉政権は日本における「新自由主義」政権といわれるが、金融機関救済のためには公的資金投入をむしろ積極的に行った。これは一見矛盾するように見えるが、イギリスの政治経済学者D・ハーヴェイによれば、「新自由主義」には「小さな政府」を標榜する「教義」と、「経済エリートの権力回復のための政治的プロジェクト」という「実践」の側面があり、現実では後者が前者に優越するという。すなわち「新自由主義的原理がエリート権力の回復・維持という要求と衝突する場合には、それらの原理は放棄されるか、見分けがつかないほどねじ曲げられる」(7)というのである。渡辺治によれば、小泉政権による金融機関救済も、「「新自由主義の実践はしばしば理論をいとも簡単に歪曲する」という格好の実例」(8)であったという。

†財政再建の本格化

小泉構造改革の第一の柱は財政再建であり、その内実は公共事業の削減と社会保障費の抑制であった。

小泉政権期を通じて、公共事業費は毎年三パーセントずつ削減された。その結果、公共事業費は一九九八年の一四兆九〇〇〇億円から二〇〇二年に一〇兆円、二〇〇六年に七兆八〇〇〇億円にまで減少。井手英策によれば、小泉構造改革の最大の特徴は「土建国家レジーム」の解体にあった(9)。

社会保障費の増額抑制も行われ、超高齢化社会に伴って毎年一兆円程度の自然増が予測される社会保障費について、小泉政権は自然増分を一定の範囲内に抑制する総額管理を適用した。

他方、小泉は消費増税には一貫して否定的であり、「増税なき財政再建」を掲げた。竹中も財政再建策として歳出削減と経済成長による税増収を優先した。小泉＝竹中路線における消費増税への消極姿勢は、「消費税から逃げず、されど消費税に逃げ込まず」というスローガンを実践するものであった。

†規制緩和の進展

構造改革の第二の柱は規制緩和であり、小泉政権の特徴は医療や保育、労働の領域における社会的規制の撤廃を加速させ、それによって経済成長を目指した点にあった。小泉政権下に医薬品販売の規制緩和が進み、スーパーやコンビニで健胃薬や整腸薬などの販売が認められた。また保育所の設置基準や面積基準も緩和され、株式会社やNPOなどが参入し、都市部を中心にビルの一室などにも保育園が開設されるようになった。

労働市場の流動化も小泉政権期に進行した規制緩和の一例といえよう。二〇〇四年、労働者派遣法の改正によって製造業でも派遣労働が認められると、雇用をめぐる格差が拡大した。正規雇用労働者は一九九六年の約三八〇〇万人から小泉政権末期の二〇〇五年には約三四〇〇万人に減少する一方、非正規雇用労働者は一九九六年の約一〇〇〇万人から二〇〇五年には約一六〇〇万人へ急上昇したのである。

†民営化政策

構造改革の第三にして最大の柱は、民営化政策である。「民営化（privatization）」とは国家が管理していた企業体を民間私企業に改組することであり、それによって企業体は市場競争に曝され、事業の効率化が図られるとされてきた。

小泉構造改革において、郵政事業と道路公団の民営化は財政投融資改革という点で表裏一体のものであった。第二次大戦後、日本にはおよそ二万四七〇〇の郵便局が作られ、配達、郵便貯金、簡易保険という郵政三事業を担ってきた。

郵便局でも預貯金ができるようになると、個別的には少額であっても、全国的に整備された郵便局を通じて莫大な資金が蓄積されていった。一九五三年以降、郵便貯金を原資として財政投融資が開始され、鉄道や道路、住宅などの基礎インフラの整備が進められた。全国の郵便局によって集められた郵便貯金は総額三五〇兆円に上り、郵便局は「世界最大の金融機関」と称された。高度成長期の日本がキャッチアップを進めるにあたって、財政投融資の果たした役割は大きい。

しかし、日本が経済大国になった一九八〇年代以降も郵便局は預金を集め続け、それが過剰なインフラ整備の原資となっていった。財政投融資の多くが道路や港湾といった公共事業に費やされ、それが転じて必要性の乏しい大型開発を止められなくなっていったのである。

これに対して小泉の持論は、郵政事業は預貯金を集める「水源地」であり、道路公団などの特殊法人はその資金が浪費される「蛇口」である、したがって両者の改革は一体としてなされなければならないというものであった。それゆえ、道路公団民営化は小泉構造改革の前半の山場に、郵政民営化はその後半のクライマックスとなっていく。

†道路公団民営化の決着

自民党長期政権にとって道路整備は利益配分の重要な媒介であり、自民党は全国津々浦々に密度の濃い道路網を張りめぐらせてきた。一九六〇年代からは高速道路の建設も始まり、沿道の工場建設や人口増加といった外部経済の効果も大きかった。

しかし、全国的にインフラが整備された後も高速道路は作られ続け、それらはきわめて甘い採算見通しに基づくものであった。一九七二年からは黒字路線の収益によって赤字路線の損失を補塡する仕組みができあがり、それらがコスト意識の希薄さをもたらしてきた。また、道路公団への官僚の天下り、建設業者との癒着談合、サービスエリアでの営業を独占的に請け負う「ファミリー企業」の存在など、高速道路は利権の温床と批判されてきた。

二〇〇一年、小泉政権は道路公団民営化推進委員会を設置し、高速道路の新規建設計画の見直しを掲げてその民営化に着手していく。「改革の広告塔」となったのは猪瀬直樹であり、自民党道路族との折衝を担うことになった。

二〇〇四年六月、紆余曲折の末、道路関係四公団民営化法が成立。しかし、その内容は高速道路の運営を民営化しつつも所有形式には政府関与を認めるものであり、田中一昭によれば、「民営化と言える代物ではなかった」。自民党道路族が求めた九三四二キロにおよぶ高速道路建設計画も継続され、赤字経営への責任の所在も不明確であり、田中は「極言すれば、小泉総理が民営化というから名前だけ民営化とするというに過ぎない[10]」という。道路公団民営化は、小泉が「民営化」という「名」をとり、道路族は道路建設という「実」をとるという妥協の産物であったといえよう。

†郵政民営化への助走

郵政民営化は必ずしも有権者からの要望の強い課題とはいえなかったが、二つの方向からその実現に圧力が加えられてきた。第一に財界、とりわけ銀行など金融業界であった。全国銀行協会（全銀協）は二〇〇〇年代に数次の提言を発表し、民間金融機関が全国的に充実した現在、国営の郵便貯金の存在意義は失われており、「民間にできることは民間に」という原則の下、郵便局は「官業としての特権」を手放す必要があると訴えている。

第二に、郵政民営化に対するアメリカからの圧力を強調する見方もある。国民新党のイデオローグを担った紺谷典子《ふみこ》によれば、一二〇兆円を超える郵便局の簡易保険はアメリカの保険会社にとって垂涎の的であり、郵政民営化は「保険市場への参入をめざす米国政府の要望」[11]に基づくものだという。

二〇〇三年四月、日本郵政公社が設立され、商船三井社長だった生田正治が初代総裁に就任。日本郵政公社は郵政事業に民間企業の経営手法を導入したが、国営公社であり職員も国家公務員のままであった。竹中平蔵によれば、小泉はパーティーの席で突然、「生田さん、あなたは最初で最後の公社総裁だ」と述べたという。すなわち、これは小泉による郵政公社の民営化宣言であった。

4　二〇〇五年衆院選

†郵政解散をめぐる政局

二〇〇四年九月、小泉は「郵政民営化の基本方針」を閣議決定し、直後に竹中を郵政民営化担当相に横滑りさせ、法案可決への臨戦態勢を組む。

郵政民営化に対しては、自民党も民主党も内部に賛成派と反対派を抱えていた。竹中によれば、「民主党内では、むしろ若手を中心に自民党以上に内心民営化に賛成する人たちがいることは明らかだった[12]」という。しかし、二〇〇四年三月、民主党は郵政民営化法案への反対を決定。竹中は「これは、はっきり言って我々には朗報だった」という。民主党は自民党の「抵抗勢力」と同じポジション取りをしたと受けとめられ、その結果、小泉は「改革派の首領」という位置を独占できたという。

二〇〇五年八月の参議院本会議では、自民党から二二人の造反者が出て郵政民営化法案は否決。小泉はただちに衆議院を解散して総選挙に打ってでることになった。解散直後の記者会見で小泉は、自らをガリレオに喩えて、郵政民営化について「もう一度国民に聞いてみたい」と主張。二〇〇五年衆院選は、郵政民営化をほぼ唯一のアジェンダとして国民の審判を仰ぐという点で「疑似国民投票」(木下ちがや)の性格を帯びていった。

実際、郵政選挙における小泉の演説には鬼気迫るものがある。小泉の訴え方には、まず民間企業をこれでもかと褒め称え、急転直下、それとの対比で官業をこき下ろすという一定のパターンがあった。「民間企業は日夜、新商品を開発し、もっと便利なサーヴィスを提供すべく努力している。冷蔵宅配を、夜間配達を、最初にやったのはどっちですか?

郵便局じゃない、民間ですよ。公務員はそういう努力してますか？　お役人はあろうこと
か民間企業を見下している。これこそ「官尊民卑」じゃないですか！」。

このような小泉の語り口は、たしかに民間企業のサラリーマン層にとっては自分たちのがんばりを正当に評価してくれるものとして胸に響き、小泉は官業の「特権」から自分たちを守ってくれる「民（民間）」の代表者として映ったであろう。

†小泉自民党と二つの敵

二〇〇五年衆院選において、小泉には二つの敵があった。第一に、野党民主党である。しかし岡田克也率いる民主党は、小泉が主導する政局のなかで霞んでいく。そもそも、民主党にとって郵政選挙は「突然行われた実力テストで、しかも課目は郵政のみ」（菅直人）であった。

民主党は、年金や子ども手当を争点化しようとしたが盛りあがらず、郵政については「自民党の民営化法案には反対だが、民営化そのものには反対ではない」というわかりにくい対応であった。結果として民主党は、小泉が作りだしたもう一つの敵、すなわち自民党内の「抵抗勢力」の前に沈んでいった。

郵政選挙の争点は、小泉と自民党内「抵抗勢力」との対立軸によって表象されていく。

自民党執行部の対応は、三七人の造反議員を非公認にするのみならず、すべての造反議員の選挙区に対立候補を擁立するという厳しいものであった。造反議員を追い落とすために送り込まれた対立候補をメディアは「刺客」、「くのいち候補」として盛んに報道した。

かつて中選挙区制下では、自民党議員はたとえ党執行部から非公認とされても、保守系無所属として当選圏にすべりこむことは比較的容易であった。しかし小選挙区制下では、公認を外されると比例復活もないため、「刺客」の当選はそのまま造反議員の落選を意味する。「刺客」は小選挙区制だからこそ可能になった戦略であり、竹中治堅によれば、「総裁は個々の政治家の生殺与奪権を持つといっても過言ではない(13)」のである。

皮肉なことに、郵政選挙で小選挙区制の威力を最大限に活用した小泉は、政治改革の際はその導入に反対した「守旧派」であった。小泉自身、この皮肉に自覚的であり、「でもね、小選挙区制だから郵政民営化はできたんだ。……自分が総理になってみて、かつて反対した制度がこんなにプラスに効くのかと驚いたね(14)」と述べている。

†「改革の鉄砲玉」・堀江貴文

二〇〇五年衆院選における象徴的な選挙区が、「抵抗勢力」の代表格である亀井静香、そして佐藤公治に堀江貴文が挑んだ広島六区であった。

大学在学中にベンチャー企業を立ち上げた堀江は、二〇〇四年、大阪近鉄バファローズの買収に名乗りをあげて一躍有名になる。Tシャツ姿で高齢の財界人や古い企業文化と対峙するなかで、次第に「ホリエモン」は「旧態日本に対するアンチテーゼ」（佐藤治彦）、「既存の秩序の破壊者」（松原聡）、「旧体制との対立、旧体制の破壊の先鋒者」（保田隆明）と見なされていった。

このような堀江の行動力に「改革保守」が目をつけることになる。日本型雇用の停滞性を打破し、労働力の流動化を駆動させたい「改革保守」にとって、スピード感と「経済合理性」に満ちた堀江のアントレプレナーシップ（企業家精神）は望ましい「企業改革の騎士」像に合致したのである。

そして小泉は、堀江の無軌道だが斬新なスタミナを巧みに吸いあげ、「守旧保守」を追撃するための鉄砲玉として活用していく。その結果、「ホリエモン」に託された若者のエネルギーもまた、「改革保守」の奔流に吸収包摂されていくことになったといえよう。

†ホリエモンの「改革案」

郵政選挙への立候補に際し、堀江はその理由を「小泉首相の改革路線を支援するため」と明言し、「僕が国会議員になる。いや首相になって小泉首相の跡を継ぐしかないな。本気でそう思っていた」[15]という。

郵政選挙にあたって堀江が掲げた「改革案」は、次の三点に集約される。第一に、民営化による国家システムの徹底的解体とコンパクト化、つまりは「小さな政府の実現」である。堀江はいう。「極論を言えば防衛や警察、外交、公取などの機関以外は民営化しても困らない」。

第二に産業の整理淘汰であり、「潰すべき企業はさっさと潰して延命させない方が社会のため」。最後に首相公選制による大統領型首相の創設であり、「任期四年程度の大統領的なポスト」を作るべきというものであった。

このような堀江のヴィジョンは「改革保守」のアジェンダを戯画的なまでに大胆化したものであった。

†「守旧保守左派」としての亀井静香

その堀江が対峙した亀井静香は、尊敬する人物としてチェ・ゲバラをあげる、「古き良き保守」を代表するような政治家であった。

東大在学中に学生運動にも接しながら、広島県北を選挙区として連続一三回当選を重ねた亀井は、左派や社会主義の理想を日本の土着保守の語彙に「翻訳」する才能に富んだ、いわば「守旧保守左派」であった。亀井の手になれば、たとえば、「新自由主義」は「強欲金儲け主義」に、「福祉」は「助けあい」に、「年金」は「敬老精神」に、「社会主義」は「相互扶助」に、「革命」は「一揆」に置きかえられた。

堀江が舞い降りた広島六区は、三原市や尾道市、庄原市などを中心とする広大な山間地であり、中選挙区時代から亀井が強い支持基盤を構築してきた。

元来、中選挙区時代の旧広島三区では、沿岸部の福山市、尾道市などは宮沢喜一の金城湯池であり、一九七九年の初出馬にあたって亀井は山間部に支持を切り拓いていくしかなかった。亀井は食品や衣類をあつかう中小企業や下請けの建設業を中心に草の根の支持を掘りおこしていく。「俺の場合は党じゃないんですよ。党は関係ない。〔支持基盤は〕零細や草の根の血盟団みたいな感じになっているから、その後も政治活動を自由にやれたんです[16]」。

その結果、亀井は選挙区の有権者と義理人情を通して繋がっており、自民党からの公認を受けなくても揺るがない地盤の強さがあった。堀江は選挙戦を振り返り、「亀井さんの地盤は、広くて、人口密集度が低いんですよ。その中にある数少ないスーパーにも、まず入れないんですよね。……あいつはよそ者だという感じで、会って話すら聞いてもらえない状況でした[17]」と述べている。

はたして、広島六区では一一万票を得た亀井が八万四〇〇〇票あまりの堀江を退けて当選。亀井はこの勝利を「百姓一揆」と表現し、地域に根づいた「守旧保守」の力強さを見せつけることになった。

†郵政選挙と自民党の再編成

二〇〇五年衆院選の結果、定数四八〇議席のうち自民党が二九六議席、公明党が三一議席となり自公で衆参の過半数を抑えた。とりわけ自民党は八三人の新人議員を迎え入れ、その多くは構造改革に賛同する「小泉チルドレン」によって占められたため、「自民党の構造改革急進派のヘゲモニー」（渡辺治）が確立される。

郵政選挙で小泉が掲げた「自民党をぶっ壊す」というスローガンには二つの意味があった。第一に、「古い自民党」との対抗関係を演出することによって自民党総裁である小泉の人気を上げることであり、この意味において「自民党をぶっ壊す」は自民党政権を延命させるスローガンであった。

しかし第二に、「自民党をぶっ壊す」で壊されたものは、長らく自民党の安定を生みだしてきた利益配分政治であり、それを支えてきた調整型の政治手法であった。すなわち、小泉政治は自民党が権力の座にいながら「守旧保守」から「改革保守」へとその内実を変容させる自己脱却の契機であったといえる。

後藤謙次はいう。「間違いなく言えるのは自民党が小泉の登場によって過去の自民党ではなくなったことだ。老舗の料理屋にたとえるなら、店構えは全く同じだが古い暖簾をくぐって中に入ると、番頭や板前ら従業員は一新され、出てくる料理の味付けも全く違うものになっていた[18]」。

†「守旧保守」の準体制外化

二〇〇五年衆院選は、「改革」の波に乗れない「守旧保守」を自民党から振るい落とし、いわば準体制外化していく端緒でもあった。

「守旧保守」の代表例は、小泉から「抵抗勢力」と括られ、自民党を離党して国民新党に集った政治家たちであろう。自らをガリレオになぞらえた小泉に対し、国民新党は「郵政民営化こそが天動説」と強く反発。逆風にも耐え、綿貫民輔や亀井静香らが現有四議席を維持した。

国民新党の基本政策は、「助けあい」や「おすそ分け」といった伝統的な共同体の共生思想であり、農家や零細企業を保護することによって弱者の生活を下支えする社会制度の模索であった。亀井静香は、小泉以降の自民党について「清和会が一体になって新保守・

新自由主義を後押ししてしまった」と指摘し、疲弊した社会を修復する「格差是正」に力点をおいていった。

このような「守旧保守」の相互扶助精神は反近代的保守主義のイデオロギーに立脚するものであり、いわゆる社会民主主義とは一線を画すものであった。しかし、小泉自民党によって準体制外化されて以降、国民新党は事実上の「社会民主主義の近似的等価物」へと接近していったといえよう。

†「横の二股」と「縦の二股」

二〇〇五年衆院選での自民党大勝は、「横の二股」と「縦の二股」という二つの視点から説明される。

「横の二股」とは自民党の古典的な選挙大勝のパターンであり、農村部と都市部の双方で支持を獲得することである。二〇〇五年衆院選において、小泉自民党は「改革路線」を志向する都市部の若者層や中年層に支持を拡大させ、大都市圏での「前代未聞の圧勝」（菅原琢）を呼んだ。元来、小泉自身が神奈川県を選挙区とする都市輩出議員であり、小泉は「明らかに大都市部上層の感性と文化を身に付けて成長した」（渡辺治）。また、「小泉チルドレン」を担った女性候補たちは都市部の比較的リベラルな有権者の支持を調達したといえる。

他方、小泉は地方での自民党支持をも繋ぎとめることができた。地方ではインフラ整備が相対的に遅れており、地方選出の自民党議員は公共事業削減を打ちだしている小泉政権を無条件では支持できない。そこで、二〇〇一年参院選の経験ではあるが、たとえば鳥取一区選出の石破茂は比例代表の個人名記載制度を活用し、比例区では「自民党」と書かず、「道路整備を急ぐところは旧建設省出身の岩井國臣《くにおみ》と、港湾整備が必要なところは、旧運輸省出身の藤野公孝と書いてください(19)」と訴えたという。

二〇〇五年衆院選においても小泉自民党はこのような選挙戦術を駆使し、農村部の伝統的支持層を引きとめつつ都市部の支持層をも開拓する「横の二股」をかけ、二つの有権者層をあわせて獲得したといえよう。

「横の二股」に加えて、宮本太郎は小泉自民党の大勝要因として「縦の二股」、すなわち「社会的な上層と排除された層への二股」という仮説を提示している。

宮本によれば、格差社会の到来をへて、都市部の有権者は比較的富裕で安定した中間層と、低所得のまま非正規やフリーターなど社会経済的に周縁に追いやられた不安定層とに二極化してきた。この二つの層は互いに利害を異にしながら、富裕な中間層は規制緩和による「消費者」としての利益を享受することによって、低所得者層は「既得権」の流動化への期待によって構造改革を応援し、結果的に小泉はその二つの極を縦断するかたちで支持を調達したというのである[20]。

5　ポピュリズムと右派イデオロギー

†小泉政治とポピュリズム

小泉構造改革を通じて、「改革の政治」は二つのものと結びついた。すなわちポピュリズムと右派イデオロギーである。

ポピュリズム出現の条件となるのは、中間団体の弱体化と個人のアトム化という市民社会の構造変化である。第二次大戦後の先進工業国では、業界団体や労働組合などの中間団体が存在し、それらが有権者の要求を組織化してきた。しかし、一九九〇年代以降、団体に組織化されない個人が無党派層として有権者の多数を占めるようになり、その浮気的な支持に左右される政治の流動化が生じてきた。

中曽根康弘は二〇〇〇年代に入り日本の有権者が「粘土から砂になった」と表現している。それまで有権者は団体を通じて粘土のような凝集力を帯びており、政党はそれに軸足をおいて利益を代表する安定的な「代表＝被代表」関係があった。しかし、その「代表＝被代表」関係が崩壊し、粘土が砂になった結果、選挙のたびに目くらましのような新しい意匠で砂を刹那的に束ねあげるポピュリズム政治が登場したのである。

小泉の政治手法はポピュリズムに共通する四要素、すなわち(1)「民衆」への依拠、(2)感性や情念の動員、(3)敵対関係の自己創出、(4)万能薬の提示のいずれも満たすものであった。

第一に、「民衆」との自己同一化はポピュリズムの出発点であり、小泉は、「民」という一語に「民衆」と「民間」との二つの意味をだぶらせながら、自らが「民」の代表者であるという自己表象を巧みに浸透させていく。

興味深いことに小泉は、自著『官僚王国解体論』（光文社、一九九六年）のなかで憲法前文の「主権在民」を引用し、「現在の日本の状況は主権「在民」ではなく主権「在官」である(21)」と批判し、「民」が権力奪還するためにこそ郵政事業の「民営化」が不可欠だと訴えている。

元来、国営事業を私企業に改組する「民営化（privatization）」と、政治の意思決定の裾野を広げる「民主化（democratization）」とは、似てまったく非なる概念である。民営化とは主権在「民衆」ではなく主権在「民間企業」とでもいうべきであるが、小泉のレトリックではそれが不可視化され、「民営化」があたかも「民主化」と同義となっている。これを小泉のペテンとする左派は言葉の「歪曲」に憤る前に、小泉がしたたかにデモクラシーの理念を換骨奪胎させ、自らの目的実現のために「援用」する狡猾《こうかつ》さをまず学ぶべきであろう。

第二に、小泉はまた構造改革への支持調達にあたって感情を総動員させ、有権者の関心を惹起してきた。オペラを鑑賞しては情操豊かに感想を語り、カメラの前でX－JAPANの曲を熱唱してみせた。大相撲千秋楽では感動屋の人柄をあらわにし、手負いの貴乃花が優勝すると「痛みに耐えてよく頑張った、感動した！」と絶叫。小泉はその陽気な性格を加点要素として最大限に駆使したといえる。

第三に、小泉は郵政民営化に敵対するものを「抵抗勢力」と括りあげ、自らをそれらに徒手空拳で挑む一匹狼とする勧善懲悪の図式を描き、二元的対立構図を創出した。

第四に、郵政民営化は小泉にとって「改革の本丸」であり、日本復活のための万能薬であった。事実、竹中平蔵はボーリングに例をとり、郵政民営化について、それを倒せば後ろのピンが軒並み倒れていく「改革のセンターピン」だと表現している。

†小泉政治と右派イデオロギー

小泉政権は「改革の政治」と右派イデオロギーが結びつく契機でもあった。小泉以降、構造改革の伸び代をさらに伸ばそうとする「改革保守」は常にタカ派的姿勢やナショナリズムを伴って登場することになる。

小泉の右派イデオロギーを示す好例は、靖国神社参拝への固執であった。小泉は二〇〇一年の自民党総裁選において「八月一五日の靖国神社参拝」を公約。二〇〇一年八月に一度目の靖国参拝を敢行し、以後、毎年一度の参拝を続け、二〇〇六年には公約通り終戦記念日の靖国神社参拝を行った。紋付き袴姿で靖国神社の回廊を進む小泉の写真はアジア諸国で広く報道され、小泉の復古的な歴史認識を示すものとなった。

しかしながら、小泉の右派イデオロギーについてその根の浅さを指摘する声は多い。首相就任後の小泉は集団的自衛権の行使容認にも言及しているが、大嶽秀夫によれば「これは小泉にとってはあくまで付け焼き刃であり、保守系、新保守系自民党議員へのリップサービスとみるべきもの」であった[22]。

小泉政権は「改革保守」と右派イデオロギーが合体する契機であったが、小泉にとってその主従関係は明確に構造改革が主、右派イデオロギーが従であり、復古主義的政策は構造改革の推進に資する限りで追求されたものであったといえよう。

6　安倍・福田・麻生政権と「改革逆走」

†第一次安倍政権の自壊

功罪半ばする小泉政権だが、その明確な罪は自民党の人材育成システムを崩壊させたことであろう。小泉長期政権を継いだ三人の首相はいずれも一年足らずで退陣を繰り返し、自民党は混迷の時代に入っていく。

二〇〇六年九月、第一次安倍内閣が成立。就任当初の安倍は、幹事長に「上げ潮派」と呼ばれた中川秀直、経済財政担当相には竹中平蔵の片腕であった大田弘子を据え、メディアから「小泉路線の正統な継承者」と認知された。

事実、安倍は公務員制度改革に取りくみ、二〇〇七年には能力主義や官民人材交流センターの創設を柱とする国家公務員法改正を実現。渡辺治は、安倍政権における新自由主義改革の総仕上げという性格を見落としてはならないと力説している[23]。

しかし、その政治手法において安倍自身は「調整と政治家の利益配分を大事にする旧来の自民党に近い人」（御厨貴）であり、安倍政権の性格はそれまでの構造改革を鈍化減速させるものでもあった。小泉政権末期から格差や貧困が顕在化し、安倍政権はフリーターへの就労支援、定年退職者の再就職支援といった「再チャレンジ支援策」を打ち出していった。

小泉と安倍との差異を象徴的に示したのが、郵政民営化に反対した造反議員の自民党復党である。造反議員の復党承認は、中北浩爾によれば、安倍政権の「新自由主義的改革からの後退と受け止められ」、内閣支持率の低下を招く結果となった(24)。

結局、安倍は小泉構造改革を無慈悲に貫徹することも、またそれを大胆に転換することもできず、持論の書生論的右翼思想を展開して自滅することになった。

†福田政権による「改革の手直し」

二〇〇七年九月、安倍後継の総裁に福田康夫が選出される。福田政権は総じて「改革」と「右傾化」からの小休止であり、「箸休めの政権」(御厨貴)であった。

福田政権による「改革」路線の是正は、社会保障の機能強化に見られる。福田は二〇〇八年一月、「社会保障と税の一体改革」を提起し、社会保障の拡充と消費税の一〇パーセントへの税率引き上げをあわせて検討する。渡辺治によれば、そこには「構造改革の矛盾の爆発に対する手直しの意味」が込められていたという。福田政権はまた、日米同盟を基軸としながら日中関係の改善に努めるなど、そのバランスのとれた外交姿勢において「右傾化」からの小休止でもあった。

福田はまた、その穏健堅実な政治姿勢によって「テレポリティクス」から距離をとったという点で、ポピュリズムからの小休止でもあったといえるかもしれない。福田いわく、「テレビは面白いことを言ったり、元気な発言をしたりする人しか取り上げないですよ。……〔しかし〕これが政治、というのを話すとごくごく当たり前の話になります。なんだ当たり前のこと言ってるな、というのが政治の本当のところなんですよ。……静かなる改革が一番良いんです(25)」。

しかしながら、二〇〇八年九月、「ねじれ国会」の機能不全を理由に、福田は突然の辞任を表明。あいつぐ政権放棄は、自民党の統治能力の低下を強く印象づけた。

†麻生政権による景気対策

二〇〇八年九月、自民党は麻生太郎を総裁に選出。

当初、麻生は早期の解散総選挙をもくろんでいたが、二〇〇八年九月のリーマン・ショックを受けて断念。急遽、総額一一兆円と二七兆円に上る二度の補正予算を作成し、総額三七兆円の緊急経済政策とあわせて「景気対策の三段ロケット」と称した。元来、麻生は積極財政論者であり、そこに金融危機への対応が重なったため、麻生政権は「小泉内閣までの新自由主義政策を一八〇度転換」（伊藤誠）する大規模な景気の下支えを行うことになった。

リーマン・ショックは製造業を中心に非正規労働者の首切りを招き、大量の失業者を生みだした。二〇〇八年末には宇都宮健児や湯浅誠らを中心にホームレスの越年闘争として日比谷公園での「年越し派遣村」が組織され、貧困問題の可視化に成功した。

このような市民社会からの圧力を受けるかたちで、麻生政権は小泉政権期から続いた年間二二〇〇億円の社会保障費抑制を放棄していく。F・ローゼンブルース＆M・ティースの言葉を借りれば、麻生政権は「改革路線」に対する「逆コース」であった[26]。

二〇〇九年衆院選では、民主党が三〇八議席を獲得し、政権交代が実現。首相としての麻生の最後の仕事は、「憲政の常道」に則り権力の円滑委譲に尽力して「グッドルーザー」ぶりを見せつけることであったが、番記者に嫌味と恨み節の最後っ屁をかましてしぶしぶ首相官邸の鍵を明け渡す始末であった。

†安倍・福田・麻生の時代の自民党

安倍、福田、麻生の三政権は、郵政民営化造反議員の復党、社会保障の機能強化、積極財政への移行などの点で、小泉構造改革からの転換を示すものであった。

竹中平蔵は、福田政権では経済諮問会議が官僚に乗っ取られ、麻生政権はもはや財政健全化を放棄したとして両政権への批判を強めていった。それゆえポスト小泉期の竹中は、与野党を横断する「改革派」の結集による「保守系第三局」の創出を目指していくことになる。

大田弘子もまた、ポスト小泉期の自民党は「政府による再分配を重視し、弱いところを弱いまま守ろうとする自民党に回帰していった[27]」として、この時期を「改革逆走」の時代としている。

同様の指摘は渡辺治によってもなされている。「社会保障と税の一体改革」は当初、一〇パーセントへの消費増税と社会保障の拡充を同時遂行して社会的弱者への手当てを行うものであり、それは「小泉内閣の経済財政諮問会議の軌道修正」の意味が込められていたという。総じて、安倍、福田、麻生時代の自民党は旧来型の自民党政治への回帰の時代といえる。

†分散された「改革派」

小泉政権の終焉後、構造改革を継承する「改革保守」は自民党でも民主党でも一時的に居場所を失い、党派横断的に分散されることになる。

その情勢を反映してか、この時期の竹中平蔵の発言には、自身が敷いた「改革」路線が減速しているという焦燥感を滲ませながら、与野党を横断する「改革派」の結集、すなわち「保守系第三局」の創出を求め、自身がその触媒を果たそうとするものが多い。

竹中によれば、日本経済を再建できる勢力は、「自民党でいえば、小泉改革の流れをくむ改革派」と、「〔民主党における〕松下政経塾出身者などを中心に、若手中堅の優れた改革派人脈」である。それゆえ竹中は、「そういう人たちが一つの政策の旗を掲げて、一つの政治的なパワーとして結集して欲しい(28)」として、「改革派」の糾合を求めるのである。

†みんなの党

小泉以降の「改革保守」として、二〇〇九年一月、渡辺喜美や江田憲司によって旗揚げされたみんなの党に触れておくべきであろう。みんなの党はその結党宣言で「改革派」を糾合する「触媒政党」の役割を果たすと宣言し、将来の政界再編を見据えた「改革保守」の蠢動《しゅんどう》の端緒となった。

みんなの党の基本政策は、「筋金入りの構造改革論者」を自称する江田憲司に体現されている。江田は、みんなの党、結いの党、維新、民進党を渡り歩き、二〇〇〇年代における「保守系第三局」のバイプレーヤーを演じてきた。

その主要アジェンダは第一に公務員制度改革であり、みんなの党の成功の秘訣は「公務員改革」に的を絞ったシングルイシュー政党という点にあった。みんなの党の得意分野は、第二に、規制緩和による経済成長である。江田にとっての構造改革とは、「大胆な規制緩和や税制改革で民間活力を引き出す」ことであり、とりわけ医療、教育、環境などの分野における規制緩和の進展であった。

みんなの党は二〇一四年に解党するが、「保守系第三局」は石原慎太郎らの太陽の党、橋下徹の日本維新の会、両者の合流と分党による次世代の党などめまぐるしい乱立を示してきた。雨後のたけのこのように離合集散を繰り返す「保守系第三局」の動きは、そのような「改革保守」を支持する都市部の有権者層が確実に存在することを窺わせるものであった。

7　二〇〇〇年代の「改革」の総括

†市場を通じた産業の新陳代謝

平成年間の日本政治を彩った「守旧保守」と「改革保守」との対立は、古い産業の淘汰をソフトに行うかハードに行うか、換言すれば脆弱産業の市場退出を政府関与の下で漸進的に行うか、市場に委ねて無慈悲に行うかをめぐる抗争でもあった。そこにあって小泉構造改革とは後者、すなわち市場を通じて大胆な産業の整理淘汰を行い、それによって経済成長を目指そうとするものであった。

産業の新陳代謝はいつの時代でも必要なメカニズムである。馬車から自動車、そして飛行機へ。技術革新とともに成長産業の交替が繰り返されることは必然といえる。もちろん、新旧産業の交替の過程で、自動車に比べて馬車は「抵抗勢力」となる。しかし、需要の乏しい産業を円滑に市場から退出させ、成長産業を促進することはどの時代でも必要であり、また不可避でもあろう。

一九九〇年代以降、「政府依存型経済」から「民間主導型の持続的経済成長」への転換は、財界や経済学者から繰り返し主張されてきた。たとえば八代尚宏は、市場こそ最も効率的な資源配分を可能にする手段であり、政府の役割とは「非効率な事業者を守るのではなく、その円滑な退出のための手段を講じ[29]」ることに限定されるべきだという。

大田弘子もまた、日本の第三次産業におけるＩＴや人材投資の遅れを指摘し、政府はこれらの産業を「そのまま」保護支援すべきではないという。「もちろん、経済の弱い分野を支援するのは政府の役割のひとつである。が、弱い分野が強くなるように支援すべきであって、弱いところを弱いまま支え続けてはいけない[30]」。

事実、経済財政担当大臣時代の大田が最も重要だと考えたのは、生産性の低いサーヴィス産業の「転業・廃業の支援」、すなわち「今の仕事を畳んでくれ」という政策であった。大田にとってもまた、政府の役割とは、生産性の低い産業の市場からの円滑な淘汰を促すことであり、それによって新たな成長産業の余地を作りだすことであった。

†「市民社会の合理性」

しかし、産業の新陳代謝をめぐり「経済学の合理性」と「市民社会の合理性」とのあいだには、ときに齟齬《そご》が生じる。市民社会には人間の暮らしがあり、それらは固有の経路依存性に条件づけられているからである。

たとえば、細川政権で首相特別補佐を務めた田中秀征は次のように述べている。「規制緩和はしなくてはいけない。するべきだ。ただね、経済学者は、規制を緩和するといってても真っ黒な匿名の人間しか思いうかばないわけだからね。羊羹でも切るようにぶったぎれる。政治家は、選挙区を持っていて、その顔が一人一人浮かんでくる。僕の街にも、小さな自動車整備工場があってね。最近だんなが死んじゃって、僕も一生懸命応援した。奥さんが小さい子供を四人連れて、自分で整備工を一人雇って、大変苦しみながら頑張っているわけですよ。車検制度がなくなると、あのうちはつぶれちゃうなと思う、いちいちそう思う[31]」。

ここには、「経済学の合理性」に基づき「改革」を語る経済学者と、有権者との接触を通じて「市民社会の合理性」に拘束される政治家との差異を見ることができよう。

大田弘子のような「改革保守」にとって、政府の役割は古い産業の淘汰清算であった。しかし、その大田自身も認めるように、実際には「〔弱い産業が〕転業・廃業をしなくてすむように支えるのが政治家の役割だと思っている政治家のほうがはるかに多い」のであり、しかも「それは選挙では確実に票につながる[32]」。

したがって、いかに「改革保守」が支配的趨勢になろうとも、日本政治から「守旧保守」を根絶することは不可能であった。選挙区地場の農業や中小産業を守り、社会的周辺層の要望を政治に反映させる「守旧保守」は日本の市民社会に張りついた苔であり、そのたくましい地金は「経済の合理性」にしぶとく抵抗する。その意味で、「選挙の可能性が常にある国で、構造改革をどうやればいいのか、私にはわからない」[33]という大田の言葉は、「改革保守」の魂の叫びであろう。
「経済学の合理性」を受けつけない「市民社会の合理性」が、小泉構造改革を変容させ、それとは異なる政治を導きだそうとする。二〇〇九年の民主党による政権交代もまた、小泉構造改革の「継承」と「反発」という複雑な磁場から生じながら、「改革の政治」に新たな相貌を加えていくことになる。

注

(1) 内閣府『年次経済財政報告（経済財政白書）』、二〇〇一年、二頁。
(2) 中北浩爾『自民党——「一強」の実像』中公新書、二〇一七年、二七五—二七六頁。
(3) 大田弘子「党主導から官邸主導へ」、御厨貴・芹川洋一編著『平成の政治』日本経済新聞出版社、二〇一八年、一一九頁。
(4) 竹中治堅『首相支配——日本政治の変貌』中公新書、二〇〇六年、六頁。
(5) 前掲書、一七六頁。
(6) 竹中平蔵、加藤寛・竹中平蔵『改革の哲学と戦略——構造改革のマネジメント』日本経済新聞出版社、二〇〇八年、三五頁。
（7）デヴィッド・ハーヴェイ『新自由主義――その歴史的展開と現在』渡辺治監訳、作品社、二〇〇七年、三二頁。
（8）渡辺治「日本の新自由主義――ハーヴェイ『新自由主義』に寄せて」、前掲書、三二七頁。
（9）井手英策「経済」、小熊英二編著『平成史【増補新版】』河出書房新社、二〇一四年、二〇三頁。
（10）田中一昭「中曽根行革・橋本行革・小泉行革の体験的比較」、日本行政学会編『年報行政研究41　橋本行革の検証』ぎょうせい、二〇〇六年、一七頁。
（11）紺谷典子『平成経済20年史』幻冬舎新書、二〇〇八年、五頁。
（12）竹中平蔵『構造改革の真実　竹中平蔵大臣日誌』日本経済新聞出版社、二〇〇六年、二〇一頁。
（13）竹中治堅『首相支配――日本政治の変貌』中公新書、二〇〇六年、一五一頁。
（14）常井健一『小泉純一郎独白』文藝春秋、二〇一六年、七六頁。
（15）堀江貴文『我が闘争』幻冬舎、二〇一五年、二八六―二八七頁。
（16）岸川真『亀井静香、天下御免！』河出書房新社、二〇一七年、九五頁。
（17）堀江貴文「勝ってたら首相も見えた」『日経ビジネス』日経BP社、二〇〇五年九月一九日号、一三―一四頁。
（18）後藤謙次『ドキュメント平成政治史2　小泉劇場の時代』岩波書店、二〇一四年、四三二頁。
（19）大下英治『小泉純一郎vs.抵抗勢力』徳間文庫、二〇〇二年、五七頁。
（20）宮本太郎、宮本太郎・山口二郎『徹底討論　日本の政治を変える――これまでとこれから』岩波書店、二〇一五年、八四―八五頁。

(21) 小泉純一郎『官僚王国解体論――日本の危機を救う法』光文社、一九九六年、一一〇頁。
(22) 大嶽秀夫『日本型ポピュリズム――政治への期待と幻滅』中公新書、二〇〇三年、九一頁。
(23) 渡辺治『安倍政権論――新自由主義から新保守主義へ』旬報社、二〇〇七年、二六頁。
(24) 中北浩爾『自民党政治の変容』NHKブックス、二〇一四年、二二八頁。
(25) 福田康夫、福田康夫・衛藤征士郎、明石散人（聞き手）『一国は一人を以って興り、一人を以って亡ぶ』KKベストセラーズ、二〇〇五年、一五二―一五三頁。
(26) フランシス・ローゼンブルース、マイケル・ティース『日本政治の大転換――「鉄とコメの同盟」から日本型新自由主義へ』徳川家広訳、勁草書房、二〇一二年、一七七頁。
(27) 大田弘子『改革逆走』日本経済新聞出版社、二〇一〇年、一五頁。
(28) 竹中平蔵『「改革」はどこへ行った？――民主党政権にチャンスはあるか』東洋経済新報社、二〇〇九年、二〇二―二〇三頁。
(29) 八代尚宏『新自由主義の復権――日本経済はなぜ停滞しているのか』中公新書、二〇一一年、一三一頁。
(30) 大田弘子『改革逆走』日本経済新聞出版社、二〇一〇年、一三四頁、強調引用者。
(31) 田中秀征、内橋克人とグループ二〇〇一『規制緩和という悪夢』文藝春秋、一九九五年、七四頁。
(32) 大田弘子『改革逆走』日本経済新聞出版社、二〇一〇年、一三四頁。
(33) 大田弘子「党主導から官邸主導へ」、御厨貴・芹川洋一編著『平成の政治』日本経済新聞出版社、二〇一八年、一六一頁。

第5章

「改革の政治」と民主党政権の性格

1　民主党の起源

†松下政経塾の位置

「改革の政治」の文脈に民主党政権を位置づけるにあたり、民主党の主要な人材輩出源となった松下政経塾に遡り、その機能について確認しておきたい。

松下政経塾は、資金や知名度のない若者に政治家への道を拓いてやろうという松下幸之助の発案に基づき、一九七九年、神奈川県茅ヶ崎市に設立された政治家養成機関である。七〇億円の私財を投じて設立した政経塾は、松下の最晩年の事業といえる。塾長には松下自身が就き、顧問には経団連会長の土光敏夫、評議員としてウシオ電機会長の牛尾治朗や作家の曽野綾子といった財界人や文化人が脇を固めた。

政経塾は松下独自の政治観が大前提となっており、それは第一に「政治に経営感覚を」という言葉に示される簡素で効率的な政府であった。企業経営を国家経営にあてはめた松下の政治認識は、税金の無駄使いをなくし、最小のコストで最大の行政サーヴィスを実現する「政治の生産性の大幅向上」を目指すものであった。

第二に、その歴史観や外交安保政策について、政経塾に協力した著名人の顔ぶれから見る限り、政経塾は広義の「保守系」であるといえる。初期の政経塾で講義を行った学者や文化人としては高坂正堯、五百旗頭《いおきべ》真、加藤寛、林健太郎、西尾幹二、佐藤誠三郎、渡部昇一などがおり、これらの顔ぶれはおしなべて、歴史観においては伝統主義、外交安保においては現実主義を代表する保守論客であるといってよい。

総じて政経塾の基本姿勢は、松下独自の経営的行政観の土台の上に、歴史観や外交安保では広義の「保守」の思想が接ぎ木されて構築されたものといえる。

†塾生にみなぎる野心

一九八〇年代前半、老後の道楽といわれながらも、松下自身が熱心に政経塾の運営に関わっており、草創期の政経塾は松下の強烈な個性によってその求心力を高めたといえる。入塾希望者の面接に際して、松下の採用基準は「運と愛嬌」というシンプルなものであり、松下に見初められて逢沢一郎、野田佳彦、山田宏、松原仁、松沢成文らが入塾している。松下の謦咳《けいがい》に触れた初期の塾生は、命を削って政経塾に賭けた松下の思いに打たれ、塾長との強い精神的絆を醸成したようである。

初期の政経塾生には、いくつかの特徴が見られる。第一に、政治への情熱やみなぎる蛮勇、野心を開陳して自分を売り込む上昇志向である。矢坂明夫は、入塾審査の際に課されたバスケットボールを次のように回顧している。「試験官が注視している中、いくつかのチームに分かれて戦う私たちは、少しでも自分を良く見せようと……、ボールを持ったら、人にパスするよりも、自分でシュートすることを狙っていた。人生をかけた大事な試合、自分をアピールすることは何よりも重要で、チームの勝敗はどうでもよかったのである(1)」。

政経塾に集った政治家志望者たちの共通項は、第二に、「幕末好き」、「明治維新好き」である。元来、松下自身が明治維新の崇拝者であり、「とりわけ坂本龍馬に憧れ、政経塾からも龍馬のような人物が出ることを望んでいた(2)」。明治維新への憧憬は塾生にも共有され、幕末の志士や新撰組は政経塾出身者が多用するアイコンであった。平成の男性若手政治家たちの、「尊敬する人物は?」と聞かれて「坂本竜馬」と即答する問答の祖形は、松下政経塾にあろう。

元来、明治維新は、欧米列強の「外圧」を契機として行われた、幕藩体制から中央集権的な近代国家への移行であり、いわば「巨大な行政改革」であった。それゆえ明治維新は、「左右対立」の喪失後の日本政治における新たな変革のシンボルとして好都合であったといえよう。

†「幸之助新党」構想

松下は晩年、ひそかに新党を作ろうとしていた。この「幸之助新党」構想は一九八二年から一九八五年にかけて具体的に計画され、立党宣言、綱領、党則なども準備されたようである。

「幸之助新党」の背景には財界主導の保守二大政党制構想がある。この構想は、「本命与党」の自民党を温存させたまま、自民党の党内派閥を党外化させ、社会党の消滅をへて、自民党離党組と民社党や公明党など既成野党とを集約するかたちで保守系野党の形成を促すものであった。

「幸之助新党」もこのような磁場のなかで練られた構想であったが、結果的に、自民党から睨まれることを嫌った財界人の協力を得られず、松下のもくろみは挫折する。一九八〇年代の自民党は依然として盤石な体制を維持しており、「幸之助新党」構想は保守二大政党制に向けたいささか時期尚早の試みであったといえる。

†日本新党としての結実

一九八九年、松下幸之助が死去すると政経塾への志望者も激減。しかし、この危機を救ったのが、一九九三年、細川護熙が旗揚げした日本新党であった。新党旗揚げに際して細川は、「幸之助新党」構想の中心人物だったPHP研究所の江口克彦を京都に訪ね、「幸之助新党」の立党宣言や綱領を参考にしたという。

細川は政経塾出身者とも会談を持ち、「幸之助さんが思い描いた新党を作るため、手を貸してくれないか」と協力を要請。山田宏や中田宏、前原誠司など政経塾出身者が日本新党に合流する。松下幸之助なき今、政経塾出身者たちにとって細川は担ぎ上げるべき神輿であり、以後、政経塾出身者は「細川氏の新党の実働部隊」となっていく。

その設立以来、松下政経塾は、官僚や二世議員といった自民党の政治家輩出コースに入れない保守系の政治家志望者を吸収する組織として機能してきた。無名の若者がいきなり自民党から国政進出する可能性はほぼ皆無であった。社会党や共産党は元来が保守系の塾生からして選択肢たりえない。そこに、元自民党参議院議員だった細川の旗揚げした日本新党はもってこいだったのである。結果的に、「幸之助新党」は細川の日本新党というかたちで表現されたといってよい。

一九九三年衆院選では「新党ブーム」が起こり、一気に一五人の政経塾出身者が国会に進出した。一九九六年に民主党が結成されると、政経塾は主として民主党の政治家の供給源となっていく。「成功の要諦は成功するまで続けることにある」という松下イズムを血肉化し、一度や二度の落選を恐れない二〇代、三〇代の政治家志望者たちは、慢性的な候補者の「弾不足」に悩む民主党の人材供給源となっていくのである。

†松下政経塾の功罪

松下政経塾のたしかな功績は、世襲や官僚ではないが政治に熱情を持つ若者に（保守）政界へ参画する回路を開いたことである。野田佳彦という総理大臣を生みだし、二〇一七年現在、衆参三五名の国会議員、二名の県知事を輩出した政経塾は、結果から見れば大成功であろう。政経塾が政治家供給源の多様化に資した功績は高く評価されるべきである。

他方、政経塾をめぐる違和感として残るのは、その政治理念のあいまいさである。政経塾の「正史」ともいえる『松下政経塾　25年の歩み』によれば、政経塾発足後の最重要課題に「基本理念づくり」があり、松下を筆頭に五人の有識者がおよそ一年がかりの「理念検討会」をへて「塾是」を定めたという。[3] しかし、本来、政治塾というものは始めに「理念」があって、それを実現するために塾を立ちあげるという順番が王道なのではないだろうか。立派なハコモノを建設し、その後に「基本理念」を定めるというのは順番が逆のようにも感じる。

総じて松下政経塾は「非自民保守系若手男性政治家」を輩出する機関として機能した。

そして、一九九〇年代以降の日本政治において、非自民保守系の政治家たちに残されたアジェンダは、「古い自民党」を保守の立場から否定すること、すなわち「守旧保守」を「改革保守」の立場から批判し、談合政治に代えて強いリーダーシップを、利益配分に代えて規制緩和を唱えることであった。

その意味で松下政経塾は、一九九〇年代以降の日本政治において、「改革の政治」を主として民主党側から突きあげるための政治家輩出機関として機能していったといえよう。

2　民主党の結成と変容

†旧民主党の結成

民主党につながる新党構想は、一九九六年春、さきがけの議員を中心に持ち上がり、そのイニシアティヴをとったのは鳩山由紀夫であった。鳩山は、船田元や菅直人、仙谷由人などと幅広く接触し、「この指とまれ」式に新党を提唱する。鳩山はこの新党構想を、一九五五年の自由党と日本民主党との「保守合同」にちなんで、政界に散在するリベラル勢力の結集を図る「リベラル合同」と呼んだ。

一九九六年九月、鳩山は薬害エイズ問題で国民的人気を博した菅をパートナーとしつつ、衆参あわせて五七人の国会議員を糾合して民主党が結党される。民主党は、友愛精神と民主導の政治への転換を掲げた結党宣言を採択する。

菅によれば、一九九六年衆院選にあたって民主党を支えたのは、第一に鳩山家の資産からの貸付、第二に厚生大臣だった菅自身の人気、そして第三に旧総評系の労組の支援であった。[4] 鳩山や菅の表舞台における露出度に反して、党内の最大勢力は社民党出身議員であり、結党当初の民主党を支えた足腰は自治労をはじめとする労働組合であった。

†新民主党の拡大

一九九七年一二月の新進党解体は、民主党にとって大きな転機となる。鳩山と菅は新進党から分岐した保守系諸党派に合流を呼びかけ、一九九八年四月には羽田孜率いる民政党が民主党に合流し、新民主党が結成される。代表に菅、幹事長に羽田孜、幹事長代理に鳩山が就任し、民主党は選挙をへずに一気に衆参一三一議席の野党第一党となった。

しかし、新進党離党組を受けいれたことは、民主党の政策に複雑な変容をもたらすことになった。民政党は、藤村修がいうように、「保守派かつ改革主義の政治家」の一時的避難所であった。すなわち民政党には、「外交と経済についてオリジナルな民主党よりも保守的な見解を持っており、憲法改正と日本の軍事的役割の拡大を強く支持する議員、あるいは新自由主義的な経済改革に強くコミットする議員もいた」[5]のである。

そして、新民主党において社会党出身者に代わって存在感を増したのは民政党出身者であった。木寺元によれば、「旧民主党は社民党系が四四％近くを占めていたが、新しい民主党はその比率が後退」し、「代わって目立ったのが新進党からの離党者によって結成された民政党系」[6]であり、これが約二六パーセントを占めた。藤村修によれば、新民主党において「政策はこの旧民政党側が結構主張を通した」[7]という。

それは「民主中道」という新民主党の基本理念にも現れている。これは旧民主党が唱えた「民主リベラル」に対して民政党が「保守中道」を主張し、細川護熙が間を取りもって提示した折衷案であった。「民主中道」なる概念を、菅など旧民主党のリベラル勢力は「センター・レフト（中道左派）」と解釈し、保守系議員たちは「保守中道」と受けとめ、新民主党はその結集軸をめぐって微妙な同床異夢を抱えたままの船出であった。

†「市場化」と「市民化」との綱引き

新民主党の複雑な性格変容を、山口二郎は「市場化」と「市民化」という二つのベクトルから説明している。[8] かつて菅直人は、民主党は「サッチャーとブレアの党」になるべきだと述べたが、その意味はまさに「市場化」と「市民化」の並列を示すものであろう。「市場化」のベクトルとは、「市場原理を拡大していくことによって、政治・行政システムをリストラクチュアリングしていこうという路線」である。官僚の政治介入が行政の腐敗と市場の非効率性を生んでいるとされ、官僚権限の縮小と規制緩和による市場メカニズムの促進が求められた。

他方、「市民化」のベクトルとは「民主主義を徹底することによって政策形成のひずみを是正するという方向の運動」であった。一九九〇年代の地方自治体では「改革派知事」の登場によって情報公開や男女共同参画が進み、有権者の政治的関心も活性化された。「市民化」とは、政治への市民参加を進め、「官治から民治」への移行を目指す政策理念であった。

その後、「市民化」と「市場化」との綱引きは民主党の性格を決める基軸となっていくが、一九九六年の旧民主党においては、どちらかといえば「市民化」が優位にあった。横路孝弘によれば、結党時の民主党のヴィジョンは「中央政府から地方自治体、市民団体、そして市場への権力移譲」であった。アメリカの政治学者L・ショッパによれば、「このようなアジェンダは、新自由主義的政治の優先順位と重なりつつも、その強調点は消費者や株主ではなく、「市民（*citizens*）」を「力能化（*empowering*）」することに置かれていた」[9]という。

しかし、新進党離党組を吸収して水ぶくれした新民主党では、「市場化」が強化されたといえる。また、新民主党の結成後に政界入りしてきた若手官僚出身者などはより一層「市場化」を志向していた。山口によれば、「その後（の民主党）は市場化のベクトルが圧倒的な優位に立ち、「改革」というシンボルを独占することとなった」[10]のである。

†民主党における二つの「反小泉」

二〇〇〇年代前半の民主党は、小泉構造改革への秋波と徹底抗戦とのあいだでブレ続けたといえる。小泉政権期の民主党には二つの「反小泉」があった。一つは小泉改革をまやかしと批判して本当の「改革」は民主党だけができると訴える「反小泉」であり、もう一つは小泉改革は弱者切り捨てであり「改革」は間違いだとする「反小泉」である[11]。

小泉政権期の民主党は、一面において、「元祖改革政党」として小泉と構造改革を競いあった。構造改革を断行できるのは「しがらみ」のない民主党だというのである。鳩山はときに「小泉応援団」を自認し、与党内の分断を誘発する狙いもあって「小泉首相の足ではなく首を引っ張る」と主張した。二〇〇五年九月に前原誠司が党首に就任すると、前原も小泉に「改革競争」を仕掛けた。二〇〇〇年代前半の民主党は、総体としては明確に

「新自由主義」的な経済改革アジェンダを中心に融合していたといえる。

しかし、民主党による小泉との「改革競争」は失敗に終わったといえる。自民党は小泉によって政権の座にいながら「改革保守」へのしたたかな脱皮を遂げ、「改革」シンボルと同一化した。そこにおいて民主党が小泉に「改革競争」を挑んでも、野党にできることはアイデアの提示だけであり、小泉が民主党のアイデアを盗んだと訴えても「負け犬の遠吠え」（曽根泰教）と映ってしまった。

他方、民主党内にはもう一つの「反小泉」、すなわち構造改革それ自体に対抗する「反小泉」の動きもあった。その媒介となったのが小沢一郎といえよう。小沢は一九九三年に自民党を飛びだして「改革保守」の先鞭をつけた。しかし小沢は小泉政権の誕生を受けて再度の転換を遂げ、かつて自らが口火を切った「改革の政治」に対する「揺り戻し」を担うようになったのである。

石川知裕によれば、自由党という枠組に限界を感じた小沢は、小選挙区制下で自民党を倒すため、二〇〇一年以降、民主党の横路グループや鳩山グループとの接触を重ねていく。小沢は安全保障政策に関しても旧社会党グループとの妥結を果たし、「都市中心の市場原理主義からセーフティネットの重要性を強調する社会民主主義へと転換[12]」していった。二〇〇三年九月、民主党と小沢率いる自由党との合流によって、このような小沢路線が民主党の方向性を規定することになった。

3　小沢時代の民主党

†小沢一郎の代表就任

二〇〇一年以来、小沢の立場は新進党時代の「改革保守」から、民主党内の左派や連合との提携をへて「疑似社民化した利益配分政治」へと変容した。それゆえ、二〇〇三年の民主党と自由党との合併、いわゆる民由合併は、民主党の再度の性格変容をもたらした。

二〇〇五年、小沢は民主党の機関紙『プレス民主』で山口二郎と対談するが、両者はそこで「小泉政治批判で意気投合」したという。後に民主党のマニフェストとなる「国民の生活が第一」というスローガンも、山口が「社会民主主義の言い換えのつもりで提案[13]」したものであった。

二〇〇六年四月、小沢の民主党代表就任は政権交代に向けた民主党の性格変容を決定づけることになった。小沢は小泉政権を「「改革」の名の下で無原則な自由競争を断行して格差社会を生んだ」と批判し、構造改革の是正を主眼に据えることになったのである。

†疑似社民化した利益配分政治

小沢は民主党を舞台に「新しい利益配分政治」を実演していく。その特徴は第一に、農協や医師会を経由して財源を配分した自民党と異なり、子ども手当や農家への戸別所得補償など補助金を国民に直接支給するという手法であった。中間団体を迂回した利益配分は、それによって自民党の支持組織の弱体化を図るという意図も込められていた。

第二の特徴は、民主党内の旧社会党グループとの密接な提携であった。二〇〇六年一二月、小沢執行部は「政権政策の基本方針（政策マグナカルタ）」を発表するが、これは赤松広隆ら旧社会党グループが中心となって練り上げたものであった。

また、旧社会党グループの背後には七〇〇万人の組合員を誇る連合が控えており、党の資金と集票力を下支えしていた。民由合併後、小沢は連合に接近し、全国の支部をくまなく行脚して酒を酌み交わしては関係性を構築していった。「こうして培った連合人脈により、労組出身の民主党議員が小沢の党内基盤を支える極めて有力な柱となった」[14]。

総じて、小沢代表下の民主党の立場は、小沢によって移植され、旧社会党グループとの提携によって社民的色彩を付された利益配分政治であったといえよう。換言すれば、政権交代をもたらした民主党の位置とは、かつて自民党で利益配分政治の中心を担った小沢と、旧社会党グループの左派的な政策課題とが、民主党という舞台で交錯融合して生じた「疑似社民化した利益配分政治」であった。

このような小沢民主党の性格は、「「国民の生活が第一」という社会民主主義的な路線」（中北浩爾）、「新右派連合が勝利を収めた自民党に対抗するオルタナティブ」（中野晃一）などと表現され、構造改革に対する「もう一つの選択肢」を示すことになった。ローゼンブルース＆ティースは民主党を「中道左派政党」として規定したうえで、二〇〇九年衆院選の画期性を「政治改革後の日本においてはこれまで見出しえなかった新しい左右の対立軸が、やっと日本にも出現したらしいという点[15]」に見いだしている。

4　鳩山政権の疾走

鳩山政権と「改革の政治」

二〇〇九年総選挙で民主党は三〇八議席を獲得し、鳩山政権が誕生。鳩山政権は、一面において「改革の政治」のアジェンダを継承しており、それはまず「政治主導」に現れている。

鳩山政権における「政治主導」は、第一に、事務次官会議の廃止と政務三役の活用である。鳩山は事務次官会議による省庁間の意見調整を廃止し、立法立案は大臣、副大臣、政務官という政務三役が担うこととなった。

鳩山政権が掲げた「政治主導」は、第二に、意思決定の内閣一元化であった。民主党はかねてから自民党政治における政府と与党との二元的意思決定過程を批判し、鳩山政権では内閣が立法立案を一元的に担うとして、決定責任の明確化を目指した。

鳩山政権はまた、行政機構の縮小再編成という点でも「改革の政治」の延長線上に位置するものでもあった。代表的な取り組みが、それまでの予算のあり方を再検討する行政刷新会議の設置と事業仕分けである。事業仕分けとは、「仕分け人（評価者）」が行政事業の必要性について公開の場で吟味し、過去の経緯を度外視して事業を整理縮小していく手法である。

事業仕分けは、二〇〇九年一一月から三回にわたり市ヶ谷の国立印刷局の体育館で行われた。その中心となったのは仙谷由人と蓮舫であり、「仕分け人」が個々の行政事業について「被告席」におかれた官僚や独立行政法人の役員を舌鋒鋭く追及する姿が連日報道された。事業仕分けは、ややもすれば格好のパフォーマン

菅直人（左）と鳩山由紀夫（時事）

スともなったが、税金の使途を国民に可視化した意義は大きく、最終的に行政事業の廃止、凍結、半減などによって二〇一〇年度概算要求のうち約七五〇〇億円の圧縮をもたらした。

†官僚の抵抗

政権交代後の民主党が直面したのは、新政権が官僚組織の忠誠を得られるかという古典的課題であった。二〇〇九年政権交代は、いかに民主党が三〇八議席を獲得したとはいえ、それは「衆議院の過半数」という上部構造の先端、いわば「第一線塹壕」を掌握したにすぎず、グラムシの言葉を借りれば、新政権の行く手には「たちまち市民社会の頑丈な構造」が姿を見せ、「その背後には要塞と砲台の頑丈な連鎖」が聳《そび》え立ったのである。

五五年体制下での自民党と官僚機構は「自民＝官庁混合体」とも呼ばれる癒着構造を作りだし、「本来自発的結社であるはずの自民党と、公的な制度としての政府との間の境界が曖昧になるという現象」（山口二郎）を生んできた。金井利之によれば、「各省官僚は組織として与党自民党とスクラムを組んでいたので、その意味では党派的偏向性を内面化した「党僕」であった」[16]。それゆえ、官僚は民主党政権に強い拒否反応を示すことになった。

他方、民主党の側にも、「政治主導」を強調するあまり官僚との過度な対決姿勢が見られた。霞が関に乗り込んだ新大臣たちのいささか居丈高な姿勢は、政権と官僚との協力関係を阻害しかねない挑発的言辞も含まれていた。民主党と官僚との不幸な相互不信は、初の本格的な「政権党交代」を実現させた政治社会ならではの光景だったといえる。

†鳩山政権と社会福祉政策

鳩山政権は、社会運動の圧力を包摂しながら、社会福祉分野においては「改革の政治」とは大きく異なる一歩を踏み出した。

鳩山由紀夫は押しも押されもせぬ名門の生まれであったが、渡辺治によれば、鳩山自身は「支配階級としての自覚が薄い」という特徴を持っており、そのため「こうした政治家には、国民の声、運動の圧力はことのほか影響を与えます[17]」という。

社会福祉政策の実働を担ったのは、長妻昭や山井和則に代表される「福祉実現派」であった。渡辺は、「福祉実現派」がその作成を担った二〇〇九年の民主党マニフェストを評価しながら、「この「手足」グループが運動に敏感に反応し、選挙を気にする「胴体」や「頭」の一部に影響を与えたことが、政策急転換の大きな要因であった[18]」としている。「福祉実現派」は、社会運動と政権とを繋げる媒介として機能し、いくつかの社会福祉政策の前進をもたらした。第一に、子ども一人に月額一万三〇〇〇円を支給する子ども手当であり、これは民主党政権の目玉政策となった。従来、子育て支援は両親が子どもの面倒を見られない、いわゆる「保育に欠ける」場合の例外的支援と位置づけられてきたが、子ども手当の特徴はすべての子どもへの普遍的現金給付という点にあった。

第二に、高校授業料の無償化である。鳩山政権では、文部科学副大臣の鈴木寛の強い働きかけもあり、公立高校の授業料無償化、そして私立高校への就学支援金支給による学費の大幅な低廉化が導入された。第三に、生活保護の母子加算復活である。総じて、「運動の圧力を受けて台頭した党内の福祉実現派勢力は、民主党内の新自由主義派指導部、利益誘導型政治派の間をも行ったり来たりしながら、運動と民主党の媒介、民主党の政策転換を促した[19]」のである。

†沖縄基地問題という桎梏

鳩山政権にとって最大のテーマは、期せずして沖縄のアメリカ軍普天間基地の名護市辺野古への移設問題となった。

二〇〇九年は沖縄での県民集会や名護市長選での基地移設反対派候補の勝利など、辺野古での新基地建設反対をめぐる運動圧力が高まった時期であった。それに対し、アメリカのゲーツ国防長官は辺野古への基地移設を強く要求。一一月にはオバマ大統領が来日して辺野古移設を求めると、鳩山は意見集約への自信を示して「信じてほしい（Trust me）」

と応答したとされる。

しかしその後、岡田外務大臣や北沢防衛大臣が沖縄県内への移設に傾いていくのに対し、鳩山は「最低でも県外」に強いこだわりを見せ、自ら「二〇一〇年五月まで」と期限を区切り、この間に辺野古以外の代替移設先を検討するとした。

孤軍奮闘で県外移設を試みる鳩山に対して、アメリカ政府やその意向を忖度する外務省などが、鳩山の善意を挫かせようと圧力をかけることになった。また沖縄県の仲井真知事も、二〇〇六年に辺野古の新基地建設やむなしの立場で当選しながら、思いもよらぬ政権交代で鳩山が「最低でも県外」を掲げたため、二階に上がって梯子を外されたかたちとなり、「決定の唐突さ」を理由に「困惑」を示し、鳩山の足を引っ張った。

二〇一〇年六月、鳩山は突然の首相退陣を表明。鳩山時代の民主党政権は、鳩山の個人的善意により意図せずして日米同盟という「保守」の大枠をはみだし、それを押し留めようとするアメリカや財界の圧力とのあいだで動揺を繰り返した時期であったといえる。

5　菅政権のねじれ

†菅政権と消費税発言

二〇一〇年六月、鳩山は菅に禅譲し、菅政権が誕生する。

元来、東京工業大学で学園紛争に参加し、一九八〇年、三三歳にして社会民主連合から政界入りした菅にとって、その発想の根っこは「リベラルな、保守的なものも含めた、ロシア型や中国型の社会主義ではない、ヨーロッパ型の社会民主主義政党」であった(20)。

しかし、菅政権は鳩山政権と比べると経済成長戦略を忠実に実行したといえる。菅自身、経済成長への高い関心を持ち、環太平洋経済連携協定（TPP）への積極姿勢を示した。また法人税減税に道筋をつけるなど、財界が求める政策の実現に一定の貢献を見せたといえる。

菅政権の帰趨を決めたのは、菅による「消費税発言」であろう。二〇一〇年六月、菅は消費税の税率について「自民党が提示している一〇パーセントという数字を一つの参考にさせていただきたい」と発言。これによって、消費税が一気に二〇一〇年参院選のテーマとなり、民主党は惨敗を喫することになる。

†二〇一〇年民主党代表選

二〇一〇年九月の民主党代表選は、まさに菅と小沢との激突となった。両者の対立は同時に消費増税をめぐるマニフェスト修正派とマニフェスト堅持派との対立でもあり、民主党内は分裂含みの様相を呈していった。

結果は菅の辛勝。党員サポーター票で菅が小沢を大きく上回ったものの、国会議員投票ではほぼ互角であり、鳩山も小沢支持を表明したことによってトロイカ体制も崩壊、民主党内の亀裂は決定的となった。

代表選後、健闘した小沢グループの求心力が高まるにつれ、菅はその権力基盤をトロイカから「民主党七奉行」世代へと移行させていく。「民主党七奉行」とは岡田克也、前原誠司、枝野幸男、野田佳彦、玄葉光一郎、安住淳、樽床伸二の若手中堅政治家であった。

このようにして民主党政権は、政治理念としては「ヨーロッパ型の社会民主主義」を志向しながら党内抗争のなかで否応なく若手中堅政治家と提携して「改革保守」に傾斜した菅と、「改革保守」の先駆として一九九〇年代以降の政界再編を牽引しながら民主党では旧社会党グループに依拠して「疑似社民化した利益配分政治」を再来させた小沢との、幾重にもねじれた構図を示すことになった。

†東日本大震災と「脱原発依存」

菅政権はまた、二〇一一年三月、東日本大震災と福島原発事故という未曾有の危機を経験した政権であった。

福島原発事故以降、日本では四〇年ぶりにデモが本格的に復活。二〇一二年三月からは毎週金曜日に官邸前で脱原発デモが恒例化された。脱原発デモの高揚を端緒とし、二〇一一年以降、日本政治は社会運動の圧力が政局を動かすダイナミックな局面、すなわち政治の運動的局面を迎えていった。

菅政権は、世論や社会運動の圧力を吸収包摂する柔軟性に富んでいた。二〇一一年五月、菅は中部電力に浜岡原発の運転停止を要請。また、二〇三〇年までに電力に占める原発の割合を五〇パーセント以下にするというエネルギー政策の見直しを明言し、風力や太陽光などの再生可能エネルギーを基幹に据える「エネルギー基本計画」に言及した。

二〇一二年四月には民主党内に「脱原発ロードマップを考える会」が発足し、「脱原発依存」の具体的行程として「二〇三〇年代に原発再稼動ゼロ」が採用された。脱原発デモと民主党内の動きは並走しており、菅によれば、民主党が二〇三〇年代の原発ゼロを掲げた背景に官邸前抗議行動など議会外の力が「大きな要素であったことは事実」だという[21]。

しかし、大震災にともなう政局混乱のなかで「菅おろし」が再燃。二〇一一年八月、菅は自身の強いこだわりを持つ再生エネルギー法を成立させた後、辞任表明。四面楚歌の厳しい権力闘争のなか、文字通り、精根尽き果て、刀折れ矢尽き果てての退陣であった。

6 野田政権と中庸の政治

†「改革」の再起動

菅退任後の民主党代表選は、事実上、小沢グループが推す海江田万里と若手中堅議員の支持を得た野田佳彦の争いとなり、決選投票で野田が勝利。野田は泥臭く仕事に取りくむという意味で「どじょう内閣」を標榜した。

「自衛隊員のせがれ」に生まれ、愛読書は司馬遼太郎という野田は一貫して「非自民」でありながら「保守」を自認してきた、「非自民保守系」の代表的政治家であった。藤村修によれば、「鳩山・菅両内閣を民主党「旧民主党派」内閣とすれば、野田内閣は民主党「保守派」内閣と位置づけることができる」のであり、野田政権は「自民党野田派」とも揶揄されたが「これはあながち的外れな指摘ではなかった[22]」のである。

野田は政権の運命を賭して「税と社会保障の一体改革」に取り組んだが、その焦点は社会保障の機能強化よりも消費増税にあてられた。野田は消費増税に徹底反対する小沢グループの説得をあきらめ、交渉の比重を自民、公明両党との調整に移していく。

二〇一二年六月、野田は自民党の谷垣総裁、公明党の山口代表とともに「社会保障と税の一体改革関連法案の早期成立を期し、成立後に衆院解散・総選挙で国民の信を問う」とする三党合意に漕ぎつけた。その結果、野田は、「自助公助の野田」と揶揄されながらも税と社会保障の一体改革法を成立させる。

†脱原発デモとの反目

菅政権と脱原発デモとが緊張関係を孕《はら》みつつも並走していったのに対し、野田政権にいたって政権と脱原発デモとは乖離していく。その背景には、「二〇三〇年代原発稼働ゼロ」を掲げた民主党政権と「再稼働反対」を獲得目標とした脱原発デモとのずれを指摘できよう。

原子力安全委員会の判断を受けて、二〇一二年六月、野田政権は大飯原発再稼働を決定。野田政権が、「二〇三〇年代原発稼働ゼロ」は維持しつつも再稼動容認の姿勢を示したため、脱原発デモの争点は「再稼動の是非」へと移っていった。

二〇一二年八月、菅や小熊英二などが仲介役となり、野田と脱原発デモ参加者との会談が設けられるものの、以降、脱原発デモの基調は民主党政権を打倒する方向へ展開していくことになる。

脱原発を求めて生じた巨大なデモの政治的インパクトは計り知れず、筆者自身その末席に連なった自負と当事者意識を持ちつつも、結果的に、民主党政権と脱原発デモとは不幸な「すれ違い」を起こしたまま、目的の確実な実現に失敗したといえる。

二〇一二年衆院選は民主党政権に対する「懲罰」の機会となった。民主党は現職閣僚八人が落選、二三〇議席から五七議席に激減する歴史的大敗を喫し、自民党が政権復帰を果たすことになった。

7　民主党政権の教訓

最後に、「改革の政治」の文脈における民主党政権の位置について総括しておきたい。

小泉政権期の民主党は、構造改革を自民党以上に大胆かつ迅速に推進できるという主張によって自民党との差異化を図っていた。しかし、二〇〇六年の「国民の生活が第一」路線への転換をへて、二〇〇九年政権交代にいたる民主党の性格は、小沢によって民主党に移植され、旧社会党グループとの提携によって味つけされた「疑似社民化した利益配分政治」であった。

このような民主党の性格をどのように定義し、また評価するかは論者によるだろう。とはいえそれは、民主党による「社会民主主義的な路線」への切り替え（中北浩爾）、「西欧型福祉国家のレジームに向けた新たな利益配分メカニズム」（井手英策）、「民主党の新自由主義・構造改革の是正路線への転換」（渡辺治）などと形容されるべきものであろう。その意味で民主党政権を、「改革の政治」に対する一時的抵抗と位置づけることは可能であろう。

たしかに、民主党政権は権力奪取後もその混淆的性格を清算できず、依然として「寄りあい所帯」の脆弱さを示した。しかしそのことは、民主党が世論や社会運動に開かれているということでもあった。民主党は、未熟であるがゆえに可変的であり、軽薄であるがゆえに可動性があった。信念がないがゆえ運動へも反応し、基軸がないがゆえ世論に引きずられた。換言すれば、民主党は社会運動に対して「感応性（receptivity）」があり、それゆえそこに、社会運動が民主党を右往左往させる可能性が開かれていったといえる。

そして「政治は可能性のアート」であるとすれば、社会運動の圧力がこの可能性を最大限に伸ばして、少しでも自ら思い描く未来をデッサンしようとする意思こそオルタナティヴを手繰り寄せる戦略たりえるはずである。

民主党政権が多くの桎梏と困難のなかで苦悶した軌跡は、いかに稚拙で不器用であっても、「改革の政治」に対するオルタナティヴを模索するため、小さな、しかしたしかな灯火となるであろう。

注

（1）『松下政経塾　25年の歩み』財団法人松下政経塾、二〇〇四年、九五頁。
（2）出井康博『松下政経塾とは何か』新潮新書、二〇〇四年、三六頁。
（3）『松下政経塾　25年の歩み』財団法人松下政経塾、二〇〇四年、三九頁。
（4）菅直人、五百旗頭真・伊藤元重・薬師寺克行編『90年代の証言　菅直人──市民運動から政治闘争へ』朝日新聞出版、二〇〇八年、一五一頁。
（5）L. J. Schoppa, 'Neoliberal economic policy preferences of the "New Left": Home-grown or an Anglo-American import?', R. Kersten & D. Williams, ed. *The Left in the Shaping of Japanese Democracy*, Routledge, London and New York, 2005, p. 122.
（6）木寺元「日本における民主党と政権交代への道──政策的許容性と包括性」、吉田徹編『野党とは何か──組織改革と政権交代の比較政治』ミネルヴァ書房、二〇一五年、二五三頁。
（7）藤村修、竹中治堅（インタビュー・構成）『民主党を見つめ直す──元官房長官・藤村修回想録』毎日新聞社、二〇一四年、二四八頁。
（8）山口二郎『政権交代論』岩波新書、二〇〇九年、一六六―一七〇頁。
（9）L. J. Schoppa, 'Neoliberal economic policy preferences of the "New Left": Home-grown or an Anglo-American import?', R. Kersten & D. Williams, ed, *The Left in the Shaping of Japanese Democracy*, Routledge, London and New York, 2005, p. 121.
（10）山口二郎『政権交代論』岩波新書、二〇〇九年、一七〇頁。
（11）塩田潮『新版 民主党の研究』平凡社新書、二〇〇九年、一六〇頁。
（12）松浦正孝「プラザ合意と「平成政変」」、日本政治学会編『年報政治学２０１２－Ⅰ　自民党と政権交代』木鐸社、二〇一二年、一五頁。
（13）山口二郎、宮本太郎・山口二郎『徹底討論　日本の政治を変える――これまでとこれから』岩波書店、二〇一五年、一〇七頁。
（14）後藤謙次『ドキュメント平成政治史３　幻滅の政権交代』岩波書店、二〇一四年、二三五頁。
（15）フランシス・ローゼンブルース、マイケル・ティース『日本政治の大転換――「鉄とコメの同盟」から日本型新自由主義へ』徳川家広訳、勁草書房、二〇一二年、二八〇頁。
（16）金井利之「官僚制・自治制の閉塞」、吉見俊哉編『平成史講義』ちくま新書、二〇一九年、九〇頁。
（17）渡辺治『渡辺治の政治学入門』新日本出版社、二〇一二年、三三頁。
（18）前掲書、一六頁。
（19）前掲書、七〇頁。

(20) 菅直人、五百旗頭真・伊藤元重・薬師寺克行編『90年代の証言　菅直人——市民運動から政治闘争へ』朝日新聞出版、二〇〇八年、一〇二頁。

(21) 菅直人、小熊英二（聞き手）「官邸から見た3・11後の社会の変容」『現代思想』青土社、第四一巻第三号、二〇一三年三月号、四七頁。

(22) 竹中治堅「民主党「保守派」内閣の源流」、藤村修、竹中治堅（インタビュー・構成）『民主党を見つめ直す——元官房長官・藤村修回想録』毎日新聞社、二〇一四年、三五八頁。

第6章

「改革」の鬼子としての維新

1　橋下徹の登場

†二〇〇八年大阪府知事選

二〇〇九年に政権交代が起こると、「改革の政治」はいびつなかたちで関西へ移る。それが橋下徹による大阪維新である。二〇一〇年代前半に吹き荒れた橋下旋風は、「時限的独裁」にも類する「政治主導」によって大阪の行政区画の再編成を進める、いわば「改革の政治」の第四波であった。

小泉構造改革以降、「改革保守」がその活路を見いだしたのは、東京、横浜、名古屋、大阪といった大都市の地方自治体であった。二〇一〇年代の「改革派首長」は弁護士やタレントなどいわば既存政治のアウトサイダーからの政治参入が目立ち、政治から疎外されてきた庶民の視点から役所を変革しようと訴えるポピュリズム的手法に親和的であった。

大阪で橋下が登場した背景には、関西経済圏の衰退がある。一九六〇年代後半以降、大企業の本社が次々と大阪から東京へ移り、大阪の経済の地盤沈下が進んでいった。

一九八〇年代以降、大阪市役所による都市投資戦略や大規模開発プロジェクトも失敗を重ね、その最大の例が総事業費一二〇〇億円をかけた大阪ワールドトレードセンタービルディング（WTC）であった。また、二〇〇〇年代当初、大阪は犯罪発生率、失業率、生活保護率、離婚率などの指標で全国ワーストないしそれに近い状況となっていった。

二〇〇八年の大阪府知事選では、現職の太田房江が事務所費の不正処理などにより立候補を断念。太田の不出馬を受け、自民党は、当時三八歳、テレビ番組『行列ができる法律相談所』で「茶髪とジーンズの弁護士」として知名度があった橋下徹に出馬を依頼。当初「出馬は二万パーセントない」と否定していた橋下は、選挙間近になり一転して出馬を表明、自民党大阪府連推薦候補として立候補することになった。選挙戦の結果、橋下は民主党推薦の熊谷貞俊、共産党推薦の梅田章二を破り当選。以降、橋下は二〇〇八年から一一年まで大阪府知事、一一年から一五年までは大阪市長を歴任し、一連の橋下政治が始まる。

橋下徹（朝日新聞社提供）

†「新自由主義バーバリアン」

橋下府政の基本思想は自治体経営と企業経営とを同一視する「政治への経営感覚の導入」であった。

二〇〇八年から大阪府の特別顧問を務めた上山信一によれば、「企業であれ行政であれ、改革の第一歩は無駄な出費を止めること」であり、「行政改革の場合には人件費の見直しが不可欠」であった。そして橋下は「経営の原点はコストだ」、「お客さまのニーズに応えることが最優先」という経営の鉄則を深く理解しており、上山は「この人は若いけれど、稀にみる一流の経営者だ」と感じたという。[1]

府知事就任初日、職員を前にしたあいさつで橋下は、「皆さんは破産会社の従業員、ボーナスゼロはあたりまえ」として財政非常事態を宣言。橋下は、知事の給料と退職金の減額、府職員の人件費の大幅削減、府有施設の民営化や売却に乗りだしていく。

橋下はまた府政や市政に多くの特別顧問を参入させ、大阪はブレーン政治の様相を呈する。市長に鞍替えして以降、二〇一一年には府市統合本部を立ち上げ、顧問に元経済企画庁長官の堺屋太一、慶応大学教授の上山信一、元経産官僚の古賀茂明などを任命。とりわけ堺屋太一は地方における情報文化の拠点創生を掲げ、一貫して橋下の応援団長となっていった。

神奈川県の都市部を基盤とした小泉純一郎や中田宏、松沢成文などが都市的でスマートな「改革保守」だったとすれば、大阪で登場した橋下徹はラディカルでやくざ風の「改革保守」であった。二宮厚美の言葉を借りれば、「現代日本の新自由主義の妖怪は、この荒々しいばかりのハングリー精神と競争心に満ちたバーバリアン的体質に着眼して、橋下に呪いついた(2)」のであった。

†「社会運動」としての維新

橋下政治の特徴は、路上の民衆の不満や怒りを吸いとり、自らメディアに訴えかけ、世論を焚きつけ、論争を沸騰させ、それを自らの加点要素とするダイナミックな運動的要素である。その意味で橋下政治は、大阪都構想という大義とともに「大阪の都市のあり方を大きく変えていく社会運動」(上山信一)を自力創出するものであった。

橋下は二〇一〇年、地域政党として大阪維新の会を結成。その運動的性格は、二〇一一年の府市ダブル選挙に現れている。橋下は大阪都構想をめぐって平松市長と対立すると、二〇一一年一一月、平松を追い落とすために自らが大阪市長選に出馬、府知事選には懐刀の松井一郎をあてるという前代未聞のダブル選挙を仕掛ける。

ダブル選挙で維新は、大阪都構想、教育基本条例、職員基本条例の三点セットを掲げ、有権者からの全権委任を要求する。これに対して、既成政党は自民党大阪府連から共産党まで立場の違いを超えて反橋下の布陣で臨むことになった。この反橋下包囲網の形成は、あまりに急激かつ野蛮に統治制度再編を強行する橋下型の「改革保守」に対して、大阪地場の「守旧保守」と左派とが一時的に連携したものといえる。

しかし、維新はむしろこのような対決を栄養分とするように、市長には橋下が七五万票、府知事には松井が二〇〇万票を得て当選、大阪府市の双方を維新が獲得することになった。

2　大阪維新と「改革の政治」

†「政治主導」から「独裁」の肯定へ

「改革保守」の特徴は強いリーダーシップによって行政機構の縮小再編成を行うものであり、大阪維新は戯画的なまでにそれを踏襲するものであった。

維新はその政治手法として「決定できる民主主義」を標榜し、独自の手法で「政治主導」を実践していった。橋下のスタイルは敵と味方を明確に区別する「ケンカ民主主義」であり、乱暴な言葉で政策論争を盛りあげては選挙で白黒決着をつけようとする「選挙至上主義」であった。

ダブル選での勝利を受け、維新は松井を本部長、橋下を副本部長として、府と市を一体運営する府市統合本部を設置。府市統合本部は大阪維新の司令塔として、府市の類似事業の仕分け、広域行政の一元化、港湾や水道などの一体運用、市営の地下鉄やバスの民営化の検討を進めていく。このような決定系統の一元化は、維新によるトップダウン型の政治手法を可能にするものであった。

橋下による「政治主導」は、ときに「時限的な独裁の肯定」にまで行きつくものでもあった。二〇一一年六月、橋下は政治資金パーティーで「今の日本で一番必要なのは独裁」と発言し、物議を醸す。リーダーシップの強化を追求してきた一九九〇年代以降の「政治主導」は、橋下政治に至って「独裁」の肯定に帰結することになった。

元来、一九九〇年代に「政治改革」の旗振り役をした政治エリートたちは、自らが進める制度変革が橋下徹のような粗暴な政治家を生み出すとは想像していなかっただろう。その意味で橋下政治は、「改革の政治」が意図せざるかたちで生みだした鬼っ子といえる。

†市役所改革の断行

「時限的独裁」によって橋下が取り組んだ課題は、まず市役所改革であった。

大阪市役所は一九六〇年代から「市長―労組―議会」の慣れあいが形成され、市民からは市役所の所在地をもって「中之島一家」といわれてきた[3]。

大阪市役所は約四万人の職員を抱え、労働組合の組織率は九割であり、労組や市会議員は歴代市長の当選に大きな影響力を与えてきた。上山信一によれば、「「中之島一家」のメンバーが総力を挙げて、自分たちの言うことを聞く市長を応援」してきたという。

市役所改革の柱は第一に職員規律の強化であり、その際に橋下が敵役と見立てたのが職員労働組合であった。橋下は「公務員の身分保障が甘えを生む」、「民間のような厳しい競争にさらされるべき」と主張し、職員の労働強化を図った。橋下は、労組との激しい対立の末、二〇一二年五月、教員と職員の人事管理徹底化を含んだ職員基本条例を制定させる。この条例は職員評価に相対評価を導入し、二年連続で最低ランクの評価を受けた職員は解雇もありえるという厳しい内容であった。

市政改革の第二の柱は市政への民間活力の導入であり、職員の民間人登用や市政業務の民間委託が進められた。民間人公募の対象となったのは区長や市立小中学校長である。しかし、二〇一二年、橋下は一八人の民間人を「僕の身代わり」として区長に就任させる。しかし、民間人区長は重要会議の欠席、ツイッターでの攻撃的発信、セクハラなどの不祥事を多発させ、二〇一四年四月までに四人の区長が降格や更迭を受ける事態になった。民間人採用による小中学校長もまた、経歴詐称やパワハラなどが頻発し、人材の質が問われた。

橋下による労働組合との対決姿勢は、しかし、市民や府民の支持を獲得するものであった。有馬晋作によれば、「職員労働組合との対立姿勢を伴ったスピード感ある市政の改革は、日頃から行政の非効率や官僚組織などに不満を持つ市民にとっては、新鮮で強いリーダーシップを発揮しているようにみえ支持率も高くなった」[4]。

消費者金融の営業マンを主人公にして大阪の民衆の人間模様を描いた漫画として、青木雄二の『ナニワ金融道』（講談社）がある。同書のなかで一番いやらしく描かれているのは役人であり、その傲慢さが汗水流して働く市井の民衆と対比された。青木雄二は熱心な共産党支持者だったが、しかし青木が活写した大阪の市井の反役人感情が、市職員攻撃をアピールする橋下政治に回収されていったのではないだろうか。

†日本維新の会と国政進出

二〇一二年二月、大阪維新は国政進出を目指して、次期衆院選の公約といえる「維新八策」を発表し、「日本再生のためのグレートリセット」を唱えた。

「維新八策」は坂本竜馬の「船中八策」にあやかったもので、社会保障費や教育費などの歳出削減、規制緩和、道州制、参議院廃止、首相公選制、憲法改正などを掲げた。渡辺治によれば、「維新八策」は民主党政権の誕生で一時停止を余儀なくされた構造改革の復活であり、「新自由主義の再起動」であった。

橋下は大阪維新の会を母体とし、自民党や民主党から離党してきた国会議員や山田宏の日本創新党などを糾合して、二〇一二年九月、国政政党として日本維新の会を設立する。日本維新の会はみんなの党に続く「保守系第三局」であり、行政改革から教育や社会保障、外交防衛まで含めた「総合型改革政党」としての姿を打ちだしていった。

日本維新の会は、二〇一二年一一月には石原慎太郎らの太陽の党と合流し、平沼赳夫ら右派イデオロギーを信条とする議員を吸収した。しかし、日本維新の会は同時に原発再稼働反対、消費税凍結、学習塾バウチャー制度、ベーシックインカムといった一見「リベラル」と目される政策も掲げ、都市部の有権者にも訴求していったといえる。

民主党政権に対する不満のなかで、橋下の国政進出への期待は高まっていった。二〇一二年衆院選では、日本維新の会は二大政党に対抗する「第三極」として注目を集め、メディア報道は「民主・自公・維新」の三択構図で選挙戦を伝えた。はたして、日本維新の会は民主党の五七議席に迫る五四議席を獲得し、既成政党に不満を持つ国民の受け皿へと成長していった。

†大阪都構想をめぐる政治決戦

市役所改革に加えて、大阪都構想は維新のアイデンティティともいえる政策であった。橋下は、大阪では巨大な権限を持つ知事と市長とが競合し、「府市《ふし》あわせ」と呼ばれる二重行政が非効率な大規模開発を繰り返してきたと主張し、行政区画の大胆な再編成に乗り出していった。

大阪都構想は東京二三区をモデルとしつつ、府と特別区の役割分担を明確化するものであった。その内容は、第一に府庁と市役所を同時に廃止して新たに「大阪都」を作る。第二に二四ある大阪市の区は人口三〇万から八〇万くらいを目途に八、九程度の特別区に再編する。特別区の区長は公選で選び、特別区議会を設置して分権自治を確立する。第三に「大阪都」は産業政策やインフラ整備など広域行政に専念し、特別区は医療や教育など日常の住民サーヴィスを担当する。第四に特別区の対象エリアは堺市など周辺一〇市を包摂する。大阪都構想は、このような広域行政区を「グレーター大阪」と位置づけ、大阪の競争力を強化しようとするものであった。

二〇一五年五月、いよいよ大阪都構想への賛否を問う住民投票が行われ、自民党から共産党までの既成政党が提携して維新に対抗する構図となり、テレビCMやチラシ配布が無制限に認められたこともあって、激しい選挙戦が展開された。

維新は、二重行政の解消によって一七年間で三三八六億円の財源を捻出できると試算。他方、自民党大阪府連から共産党までにおよぶ「オール大阪」勢力は、維新が提示する財源捻出額は信頼性に乏しく、特別区設置によって住民サーヴィスの区間格差が生じる恐れがあることなどを批判した。このような「オール大阪」の布陣は、あまりに急激かつ野蛮に統治制度再編を強行する橋下型の「改革保守」に対して、あらためて「守旧保守」と左派とが一時的に連携したものといえよう。

大接戦となった住民投票は、結局、賛成六九万票、反対七〇万票の僅差で否決された。橋下は住民投票の敗北をもって市長退任と「政界引退」を宣言した。

3 ポピュリズムと右派イデオロギー

†橋下徹とポピュリズム

「改革保守」は、維新においても再びポピュリズムと結びついていく。維新の政治手法もまた、ポピュリズムの四要素、すなわち(1)「民衆」への依拠、(2)感性や情念の動員、(3)敵対関係の自己創出、(4)万能薬の提示を地で行くものであった。

第一に、橋下は自身が既成政治のアウトサイダーであることを政治資源として最大限に活用しながら、テレビやツイッターで役人や政治家、大学教授といったエスタブリッシュメントを叩くという点で、いびつなかたちながら民衆と自己同一化したといえる。

第二に、橋下のホンネ主義とケンカ殺法はリベラルな知識人の「偽善」や「欺瞞」を暴き、誰もいえなかったタブーを率直に表明するという点で、言葉にならない情念や感性を解放させた。

第三に敵対関係の自己創出であり、橋下はまさに「奴ら」と「われわれ」の線引きを演出する天才であった。橋下は漠然としたエスタブリッシュメントを「奴ら」、無党派層や既存の組織に包摂されない人々を「われわれ」として、自らが「奴ら」に徒手空拳で挑みかかる構図を作りあげたのである。

第四に、橋下にとっての万能薬は大阪都構想であり、大胆かつ耳目を集める行政区画再編案をぶち上げることによって「停滞する大阪」の一発逆転を狙った。

元来、ヨーロッパの右派ポピュリズムにとって、敵役筆頭は常に移民であった。水島治郎が指摘するように、福祉国家による再分配が進められてきた西欧諸国においては、移民や難民、生活保護受給者など「公的部門により「便益」を享受しているとされる人々」が右派ポピュリズムの攻撃のターゲットになりやすい[5]。

しかし、西欧諸国に比べて日本では移民の数はそれほど多くはなく、二〇〇〇年代はおよそ二〇〇万人強で推移してきた。それゆえ、日本における右派ポピュリズムはヨーロッパやアメリカのそれよりも敵役を定めるのに苦労し、結果として融通無碍に即興の攻撃対象を作りあげる必要に迫られたといえる。

橋下劇場では繰り返し「新しい敵役」が括られては叩かれた。公務員はその筆頭であったが、労働組合、農協、教育委員会、文楽協会、朝日新聞、公明党など日本における右派ポピュリズムの「敵」概念は多様である。多様な攻撃対象の設定は、移民という「安定した敵役」が不在の日本における右派ポピュリズムに固有の特徴であったといえよう。

†維新と右派イデオロギー

橋下政治は、小泉構造改革と同様、「改革保守」と右派イデオロギーとの結びつきを示すものでもあった。

維新の右派イデオロギーは国旗国歌条例に現れている。二〇一一年六月、府議会で過半数を獲得した維新は、「伝統と文化の尊重」や「我が国と郷土を愛する意識の高揚」を目的に、公立学校における君が代斉唱時に教職員の起立斉唱を義務づけ、違反した職員を懲戒の対象とする条例を可決させた。

もとより、国旗国歌条例への橋下の固執は、筋金入りの国家主義思想というより、公務員の国歌斉唱義務という「ルール遵守」の徹底に基づくものであったかもしれないが、維新が行政機構の再編成と並んで右派イデオロギーと親和的であることを示すものであった。

また、二〇一二年二月に作成された「維新八策」では憲法改正も掲げられ、国政課題でも右派イデオロギーへの傾斜を示した。このような維新の右派性は、二〇一二年一一月、石原慎太郎が共同代表を務める太陽の党と合流することでさらに濃厚になっていった。

4 維新を生んだ条件

†「維新支持層＝弱者仮説」の妥当性？

橋下政治は二〇一〇年代前半の政治を席巻した熱風であり、社会現象であった。それは論壇における考察の対象となり、リベラル派や左派の学者や評論家から多くの橋下批判本が刊行された。

大内裕和によれば、公務員を標的とする橋下政治は、小泉構造改革以降、労働市場の流動化によって不安定な状況におかれた非正規労働者の不満や嫉妬心を養分として伸長してきたという。

二宮厚美はさらに直截に、「大都市大阪の貧困大都市化の進行、貧困なる精神の芽生え、他人の不幸は鴨の味風のさもしい根性の蔓延、大阪に固有な吉本流イジメ笑い、これが合流し、混沌たる近年の「大阪文化」を形成するなかで、橋下流独裁政治を受け入れる大衆的依存意識が広がった[6]」とまで述べている。

総じて、リベラル派や左派による橋下批判に通底するのは、学歴や所得における「負け組」、社会的に周縁化された「弱者」がそのルサンチマンの発露として維新を支持したという見立てである。

しかし、政治学者の松谷満は、「橋下支持層＝低学歴・低所得層」という図式は妥当でないという。大阪の有権者が橋下を支持するにあたり「学歴の影響は一貫して確認できない」のである。

また、低所得や非正規雇用も、橋下への支持の強弱と関係しないという。欧米の右派ポピュリスト政党が白人の低学歴貧困層を支持基盤にしているのに対し、日本の改革型ポピュリスト政党の支持者は必ずしも低所得低学歴ではない。したがって松谷は、「弱者や社会的周辺層」が橋下を支持してきたという「弱者仮説」を根拠が弱いとして退けている。

では、どのような人々が橋下政治を支持してきたのか。第一に想定されるのは、比較的高所得の中間層である。松谷によれば、「生活に満足し、相対的には不安の少ない人のほうが、ポピュリズム的政治家を支持しやすいという関連は弱いながらも確認することができる[7]」。したがって、日本におけるポピュリズムは、低所得者層の問題というより、むしろ「ミドルクラスの問題」なのである。

第二に、三〇代から四〇代前後の若年中年層である。松谷によれば、二〇一三年の有権者調査において、橋下支持の強弱は四〇代と七〇代とのあいだで有意な差異が出たという。すなわち、橋下に対する支持は高齢層で弱く、四〇代前後の年代で比較的維持されているという。

†若年層の対立軸認識と維新

若者による維新認識について、遠藤晶久&W・ジョウが興味深い考察を提示している。遠藤&ジョウは、二〇一三年の調査に依拠しつつ、日本の有権者が各政党を「保守」と「革新」のイデオロギー対立軸上のどこに位置づけているかについて分析している。

その結果、六〇代以上の回答者は「保守―革新」の順番に自民党、公明党、民主党、維新、みんな、共産党の各政党を配置し、したがって伝統的な「保革対立」で政党を認識しているという。いうまでもなく、「保守側の極に自民党、革新側の極に共産党が位置し、その他の政党がこの両者の間に散らばっているという構図は、戦後日本の政党政治を論じる上で基礎中の基礎の見方といえる(8)」。

しかし、遠藤&ジョウによれば、「この構図〔伝統的な保革対立構図〕は二〇歳代の回答者には共有されていない[9]」。二〇一二年の早稲田大学の学生を対象にした調査は、驚くべき結果を示したのである。学生たちは、民主党や自民党についてはその位置を考えあぐねるものの、「維新の会についてだけは違った。即断で位置を指定したのである。しかも、最も革新側に、である。目を疑ったが、次の学生もその次の学生も同様であった。結局、ほとんどの学生が維新の会を革新側に位置づけた[10]」。

結果的に、二〇代の回答者が示した政治対立の認識は、「保守側から革新側に向かって、自民党、公明党、民主党、みんなの党、共産党、日本維新の会と並ぶ[11]」ことになった。すなわち、若年層のなかでは最も「保守」的な自民党に対して最も「革新」的な維新が対峙しているという構図が抱かれているのである。

†「革新」としての維新

では、若年層にとって維新はいかなる意味で「革新」なのだろうか。もちろん、若年層が維新を「革新」とする場合、その意味は、決して社会主義や憲法九条擁護を意味した五五年体制下での「革新」ではない。

むしろ、若年層にとって維新が「革新」と映るのは、維新が左右双方の「既得権」にメスを入れ、財界と労働組合の双方の「しがらみ」から自由であり、復古的国家主義と「戦後民主主義」の双方に挑みかかり、その結果、左右の権威からはじき出された民衆を「代表」しているからであろう。維新が「革新」的なのは、維新が右も左も批判し、そして右からも左からも批判される、新しい現状打開の選択肢と映るからである。

二〇一二年六月、雑誌『ＳＡＰＩＯ』は、「橋下徹「全方位メッタ斬り戦略」」と題された記事で、このような橋下のイメージを説得的に描写している。

この記事によれば、リベラル派と保守派の双方にケンカを売る橋下の論争は「全方位バトル」だという。すなわち橋下は、「教育制度改革や職員基本条例で教職員組合、自治労など左派の既得権にメスを入れる一方、電力自由化や原発再稼働反対によって保守政界の支持基盤だった電力業界の既得権にも風穴を開けようとしている[12]」。

その結果、リベラル派は橋下の教育基本条例を批判するが脱原発について応援しようとしない。保守派は橋下の脱原発に噛みついても、君が代起立の徹底に援軍を送ろうとしない。リベラル派も保守派も、「既得権」の喪失を恐れ、本来は橋下と一致しうる政策をも含めて、「進め方が独裁的」といった政治手法に対する批判にすり替えているというのである。

したがって、『ＳＡＰＩＯ』の記事によれば、リベラル派と保守派の双方とバトルを繰り広げるスタンスこそ、その両派が依存してきた、「既得権を分けあうなあなあの国家運営」の仕組みそのものに橋下が闘いを挑んでいる構図をはっきり浮かび上がらせるというのである。

このように、維新が帯びる「革新」の意味とは、「既存の政治システムへの対抗者としてイメージ」（遠藤&ジョウ）、すなわち左右の「既得権」の全面的否定者としての「革新」なのであった。

注

（1）上山信一『大阪維新――橋下改革が日本を変える』角川SSC新書、二〇一〇年、一三二―一三三頁。

（2）二宮厚美『新自由主義からの脱出――グローバル化のなかの新自由主義vs.新福祉国家』新日本出版社、二〇一二年、三一七頁。

（3）上山信一『大阪維新――橋下改革が日本を変える』角川SSC新書、二〇一〇年、一〇八頁。

（4）有馬晋作『劇場型ポピュリズムの誕生――橋下劇場と変貌する地方政治』ミネルヴァ書房、二〇一七年、一五四頁。

（5）水島治郎『ポピュリズムとは何か――民主主義の敵か、改革の希望か』中公新書、二〇一六年、二一六―二一七頁。

（6）二宮厚美『新自由主義からの脱出――グローバル化のなかの新自由主義vs.新福祉国家』新日本出版社、二〇一二年、三二七頁。

(7) 松谷満「ポピュリズムの台頭とその源泉――地方で政党政治は終焉を迎えるか」『世界』岩波書店、第八一五号、二〇一一年四月号、一四〇頁。
(8) 遠藤晶久&ウィリー・ジョウ「若者にとっての「保守」と「革新」――世代で異なる政党間対立」『アステイオン』阪急コミュニケーションズ、第八〇号、二〇一四年、一五一頁。
(9) 前掲書、一五三頁、挿入引用者。
(10) 前掲書、一四九―一五〇頁。
(11) 前掲書、一五二―一五三頁。
(12) 「だから右も左も批判したくなる! 橋下徹 論争相関図でわかった「全方位メッタ斬り戦略」」『SAPIO』小学館、二〇一二年六月二七日号、一六頁。

第7章 安倍政権と「改革」の曲がり角

1　安倍晋三の思想形成

✝安倍晋三という人物

第二次安倍政権は、政治の優先順位を「改革」から「右傾化」に移しかえた点において、「改革の政治」に一つの曲がり角をもたらしている。

日本政治の「右傾化」には、安倍をはじめ政治家の属人的要素が大きく影響しており、安倍晋三の人物像について簡単に触れておきたい。

幼少から青年期にかけての安倍については、青木理『安倍三代』（朝日新聞出版、二〇一七年）がその姿を描写している。安倍は小中高まで成蹊学園で過ごしているが、当時の友人たちの言葉から浮かび上がる安倍少年の姿は、「勉強もスポーツもほどほどで、ごく普通の〝いいヤツ〟」、「可もなく不可もなく、特別な印象がないおぼっちゃま」に尽きるものであった。青木によれば、「高校時代までの晋三には、自らの意志によって深い政治意識の芽を育んだような気配――まして現在のような政治スタンスにつながるそれを育んだ気配は微塵もみられない」[1]という。

長じて政界入りした安倍は、同輩世襲議員や右翼評論家とのつきあいのなかで復古的信条を吸収し、いつしかそれを内面化していく。それはいわば、凡庸な少年の白紙の心にペンキで塗られた右翼思想の壁画であった。

†一九九三年初当選と「敗北の連続」

大学卒業後の安倍は、一九七九年、神戸製鋼所に入社。一九八二年から当時外務大臣だった父晋太郎の秘書官を務める。一九九一年、晋太郎が急死したことから、安倍はその地盤を引き継ぎ、一九九三年衆院選で初当選を果たす。安倍は初めての戦後生まれの首相であったと同時に、一九九三年に初当選したポスト冷戦期の政治家でもあった。

当選後の安倍は直後に細川政権の誕生を目撃し、野党議員として政治家のキャリアをスタートさせ、「敗北の連続」（中野晃一）を経験することになる。

一九九三年、宮沢政権は「河野談話」を発表し、第二次大戦中の従軍慰安婦について日本軍の関与を認め、「こころからお詫びと反省の気持ち」を表明した。小森陽一によれば、「これに対して、安倍晋三をはじめとする一九九三年衆院選当選組の一年生議員たちが、強い反感を抱き、あたかも、「従軍慰安婦問題」が、自民党を下野させたかのように逆恨みをし」[2]たという。

一九九四年六月、自民党は社会党との連立によって政権復帰を果たすが、安倍にとって社会党との提携は本意ならざるものであった。事実、自社さ政権は、社会党の村山、宏池会の河野、さきがけの武村らが中心を担い、きわめてハト派色の強い政権であった。

一九九五年には戦後五〇年決議と村山談話が出される。社会党は戦後五〇年決議に「侵略戦争」という言葉を盛りこむことにこだわり、結果的に、「我が国が過去に行ったこうした行為〔植民地支配や侵略的行為〕や他国民とくにアジアの諸国民に与えた苦痛を認識し」という文言が挿入されることになった。村山談話では、「植民地支配と侵略によって、多くの国々、とりわけアジア諸国の人々に対して多大の損害と苦痛」を与えたとし、あらためて反省とお詫びが表明された。

†リベラル派への復讐心

一九九〇年代前半は自民党もリベラル派優位の時代であり、憲法や歴史認識といった課題について右派は守勢であった。そのため、この時代を一年生議員として過ごした安倍は、徹頭徹尾、被害者意識を醸成させていった。自社さ政権はリベラル派や左派にとっては達成感に乏しい反面、右派にとっては敗北感や屈辱感だけが残った時代であったといえよう。

田中派の全盛期に初当選し、そのため「反経世会」を一貫させた小泉と比べれば、安倍の一貫性はリベラル派が主導権を握った自社さ政権時代への復讐心といえよう。安倍の主敵は、「戦後レジーム」を構築してきた――と安倍がいくぶん誇大妄想的に考える――日教組や朝日新聞など「戦後民主主義」と、その背景にあるリベラル左派の知的ヘゲモニーに定められていった。そのような安倍の敵愾心は、永田町では主として民主党や社会党に向けられていくことになった。

2 「安倍一強」の形成

†安倍自民党の「勝利の方程式」

二〇一二年衆院選の結果、第二次安倍政権が誕生する。安倍自民党は、円安株高に支えられた一定の景気回復もあって、二〇一三年参院選、二〇一四年衆院選、二〇一六年参院選、二〇一七年衆院選と五連勝して「ねじれ国会」を解消、「安倍一強」を構築していく。

菅原琢によれば、安倍自民党の優位性は、政党間関係、低投票率、選挙制度の三点によって説明される。第一に政党間関係であり、これは端的に、「自民党と公明党が互いに協

安倍晋三（毎日新聞社提供）

力して選挙に臨んでいるのに対し、野党の側はバラバラに戦っている現状を指す[3]」。

第二に低投票率であり、投票率が低いほど固定的な支持層を持つ自民党と公明党が有利になる。中北浩爾によれば、小泉自民党と安倍自民党では「勝利の方程式」が異なる。すなわち、「無党派層を重視した小泉政権は、高い投票率の下でこそ勝利したのに対し、安倍政権は低い投票率の下で勝っている[4]」。すなわち、小泉が有権者の政治的関心を高めることによって自民党の勝利をもたらしたのに対し、安倍は有権者を政治的無関心に留めおくことによって自民党の相対的勝利を確保しているのである。

第三に選挙制度である。菅原によれば、「明確に自民党に有利と言えるのは参院選挙区」であり、自民党の支持基盤が厚い農村的な小県の多くが一人区となっており、定数不均衡もあわさって参院選挙区はきわめて自民党に有利となっている。

†「与党内野党」としての公明党

公明党や日本維新の会も安倍政権の安定に資している。しかし、公明党と維新はそれぞ

「与党内野党」と「野党内与党」といった関係にあり、安倍政権をとりまく権力関係のなかで微妙な差異を示してもいる。

安倍にとって公明党は、創価学会票によって小選挙区の自民党候補を押しあげてくれる貴重な存在でありながら、憲法改正や外国人参政権といった課題では「与党内野党」として振る舞う痛し痒《かゆ》しの連立友党であった。

公明党の存在感は、都市部小選挙区における公明票にある。公明党の基礎票は全国で六〇〇万から七〇〇〇万票とされ、一つの小選挙区あたり二万から二万五〇〇〇票といわれる。小選挙区での当選に必要な票数はおよそ一〇万票前後であり、公明票の行方は候補者の当落を左右する。また、創価学会は高度成長に伴って都市部に流入してきた相対的貧困層に広がった新興宗教であり、「公明党の票は都市部に偏っているが、その分、伝統的に農村部に強い自民党と補完関係にある[5]」。

しかし、安倍と公明党・創価学会とのあいだには、折にふれて不協和音が響いていた。中野潤によれば、「安倍政権下の自公関係は常にギクシャク」しており、「元来、「安倍は基本的には学会や公明党が好きではないのだ[6]」。創価学会の側もタカ派色の強い安倍政権に対する嫌悪感は強い。二〇一五年、集団的自衛権行使容認に対しては創価学会の婦人部を中心に強い反対があったが、谷川佳樹など「現実的対応」を優先させる幹部がこれを抑えたという。

安倍政権の「ブレーキ役」を自認する公明党は、自公連立という「車」から降りられない桎梏のなかで、「与党内野党」としての立場を強いられてきたといえよう。

†「野党内与党」としての日本維新の会

公明党と対照的に「野党内与党」の役割を果たしているのが日本維新の会である。

安倍と維新との親近性は、規制緩和や公務員制度改革など「改革保守」のアジェンダにある。安倍は政権運営の必要に迫られれば「改革の政治」から距離を取るものの、安倍自身は「気分的には改革が好き」(古賀茂明)であり、「自分に近いと思われている橋下さんたちが元気よく騒いでるのをうまく利用できればいい(7)」という姿勢で、あこぎな役人叩きや民主党への罵詈《ばり》雑言《ぞうごん》は維新にやらせてきた。

安倍と維新との親和性は右派イデオロギーにも現れており、維新は教育費無償化のための憲法改正案を提出するなど、改憲論議における「露払い役」を果たしてきた。総じて、「野党内与党」としての維新は、安倍政権との疑似的対立構図を演出しながら本質的相互依存関係を保ってきたといえる。

†「安倍一強」と強権的政治

安倍政権は、このような「一強」の条件に依拠しながら強権的政治手法を頻発させてきた。特徴的なのが、NHKや日本銀行、内閣法制局など第二次大戦後の日本政治で一定の「中立性」が担保されていた機関に対する恣意的介入である。

安倍はかねてからNHKと朝日新聞を「敵」としており、二〇一三年、安倍政権はNHKの経営委員に安倍の「お友だち」である作家の百田尚樹、評論家の長谷川三千子を任命。その経営委員はNHK会長に籾井勝人を選出し、二〇一四年、籾井は「政府が右と言うものをNHKが左と言うわけにはいかない」と発言。NHKはその政治的な中立性と信頼とを失うことになった。

安倍政権は日本銀行にも介入し、二〇一三年、アベノミクスに積極的姿勢を示す黒田東彦を総裁に起用。以降、安倍政権は二年で二パーセントのインフレ目標を掲げ、日銀と提携しながら大規模な金融緩和策に乗り出していく。

また安倍政権は、政党政治からの自律性を維持してきた内閣法制局の人事慣例をも無視し、その長官人事にも手をつける。すなわち、二〇一三年、安倍は山本庸幸内閣法制局長官を更迭し、集団的自衛権行使容認に向けた前準備として、第一次安倍政権以来のつきあいである小松一郎を長官に送り込んだのである。

3　安倍政権と右派イデオロギー

†「改革」から「右傾化」へ

安倍政権の登場により、日本政治の争点は「改革」から「右傾化」に移った。

二〇〇〇年代以降の「改革の政治」は、小泉政権に見られたように、「新自由主義」とナショナリズムの組みあわせとして出現してきた。しかし、小泉と安倍とのあいだで、それらの主従関係は異なっている。小泉にあっては、日本経済を再編成する構造改革が目的であり、靖国神社参拝はそのために右方面の同意を取りつけるための手段であった。その意味で、小泉においては「新自由主義」が主、右派イデオロギーは従であった。他方、安倍にあっては、ナショナリズムへの思い入れが主、「新自由主義」政策は完全に従であり、二つの政策の主従関係は逆転している。

安倍政権の特徴は、「改革の政治」の文脈よりも「右傾化の政治」という視座においてこそ適切に位置づけられるべきであろう。

†「アベノポリティクス」

御厨貴は、安倍の右派的な政策順位をアベノポリティクスと命名している。[8] 以下、そのなかから具体的政策として歴史修正主義、集団的自衛権、そして憲法改正の三点を見ていきたい。

アベノポリティクスを構築するものとして、第一に歴史修正主義がある。歴史修正主義とは、大日本帝国による植民地支配を軽視隠蔽し、その遺産を再評価することで国民統合を行う歴史観といえる。安倍は従来の歴史教育を「自虐史観」として批判し、戦後七〇周年を迎える二〇一五年には「子どもたちに、謝罪を続ける宿命を背負わせてはなりません」とする安倍談話を発表した。

アベノポリティクスの第二の柱は集団的自衛権である。二〇一五年七月、安倍政権は「憲法上許されない」とされてきた集団的自衛権の行使を容認する閣議決定を行う。それに対し、国会の内外ではおよそ三か月にわたってSEALDsなどによる大規模な反対デモが生じ、世論の激しい反発と社会運動の再興が生じた。それらの運動は総じて二〇一五年安保と呼ばれた。

集団的自衛権の行使容認は、アメリカが長年にわたり日本に圧力をかけてきた課題であった。しかし、安保法制の強行採決に際して、オバマ政権は事態を静観していたといえる。渡辺治が指摘するように、アメリカはその要請に基づいて手足のように動いてくれる自衛隊を求めているのであって、「日本が独自の戦略をもつ軍事大国になることなど望まないどころか、もしそうした行動が現実化するようなことがあれば全力で阻止に回ることは明らか」である。その点、安倍とその「お友だち」が抱く大日本帝国への憧憬は、「アメリカや財界の要請を超えている」[9]のである。

アベノポリティクスの本丸は、第三に憲法改正であり、それは政治家・安倍晋三のアイデンティティでもあった。しかし、安倍改憲の試みは紆余曲折を迫られる。二〇一二年、自民党は自衛隊を「国防軍」とする改憲案を示したものの、安倍がまず狙いをつけたのは憲法改正要件を定めた第九六条であった。しかしこの九六条先行改正論は「姑息なやり方」として与党内からも反発を受けて挫折。すると安倍は九条に三項を追加して自衛隊を明記する改正案を提起する。しかし、政府はすでに現憲法下での自衛隊の合憲性を認めており、すでに合憲とされているものを憲法に書き込む意味は乏しく、また安倍自身、もし改憲案が否決されても自衛隊の合憲性は変わらないと述べるなど、改正の意味が不明な改憲案に留まった。

4 安倍政権と「改革の政治」

†歪曲された「政治主導」

一九九〇年代以降、一貫して日本政治の支配的トレンドであった「政治主導」は、安倍政権においていびつなかたちで継続、変容、歪曲されていく。

安倍政権による「政治主導」の代表例が内閣人事局の設立である。政治家による官僚へのコントロールを強化するため、二〇一四年に内閣人事局が設置され、各省の幹部官僚を内閣が一元的に管理する仕組みが作られた。

内閣人事局の構想は長らく民主党が唱えていたものでもあった。二〇〇一年当時、民主党政調会長代理だった枝野幸男は、「人事制度を動かさない限りは、霞ケ関は変わりません」として、「局長級以上は政権与党が人を決めていくようにする」[10]ことを提案している。しかし、省庁幹部の人事権を内閣に集中させた結果、官僚が首相官邸の意向を「忖度」する土壌が作りだされてしまった。その意味で内閣人事局の設立は、官僚機構を政治恣意的に歪曲してしまったといわざるを得ないであろう。

†森友・加計学園問題

官僚による政治家への「忖度」の好例が、二〇一七年に発覚した森友・加計《かけ》学園問題である。安倍との親密な関係を強調した森友学園は、安倍の意向を「忖度」した財務省から土地価格の不当な割引を受けた。安倍の親友が理事長を務める加計学園も同様に、獣医学部の開設にあたって、文科省と財務省から不当に優遇されたことが判明。官僚による首相への一方的な「忖度」であるとして強い批判を招いた。

細川政権で政治改革に携わった成田憲彦は、「日本は、批判が起きると正反対に振れやすい傾向があるが、政治主導はまさにそうだった」とし、政治制度改革の結果、「政治が上、官僚は下」という関係になってしまった」[11]という。森友・加計学園問題は、一九九〇年代以降の「政治主導」が産み落とした意図せざる帰結であったといえよう。

†安倍政権と「改革の政治」

安倍政権による行政機構の縮小再編成についても見ておこう。

渡辺治の認識は、ここでも第二次安倍政権を「新自由主義改革」への野望という側面から捉えるものである。渡辺によれば、小泉政権によって強行された構造改革は、民主党政権によって停滞を余儀なくされた。「安倍政権はその新自由主義改革を再起動して、新自由主義改革の第二段階として、大企業のグローバルな市場での競争力を、国家の財政的、制度的な全面的支援によってサポートしようとしています[12]」。

安倍政権における「改革」の具体的政策が、大胆な規制緩和を掲げたアベノミクスの「第三の矢」、とりわけ国家戦略特区であった。国家戦略特区は特定地域において法適用を緩和撤廃する制度であり、医療や労働法制などの岩盤規制にドリルで穴をあけ、「世界で一番ビジネスのしやすい環境」を作り出すとされた。

TPPへの積極参加もまた、安倍政権の「改革」を示すものであった。森原康仁によれば、安倍政権がTPPに固執するのは、TPPを「内外の規制や制度を国内的な抵抗を回避して一挙に変えるためのテコ[13]」として機能させ、それによって非関税障壁の撤廃や海外労働力の入国の容易化などを大胆に進展させようとするためであるという。

複数の都道府県をまとめて高度な自治権を持つ広域自治体へと改組する道州制も、「改革」の一環として位置づけられることがある。国家戦略特区、TPP、道州制などを見れば、安倍政権は「小泉政権を継承した改憲型構造改革路線」(渡辺治)であり、「小泉政権の正妻」(二宮厚美)なのであった。

しかし、安倍政権を「新自由主義改革の再起動」と捉える立場は、いささか厳密さに欠けるきらいがある。右派系論者が自分たちの気に食わないものすべてを「左翼」と括り上げるのと同様、渡辺治もまた、自分たちの「新福祉国家構想」に沿わないものすべてに「新自由主義」というカテゴリーを当てはめてしまってはいないだろうか。

†「守旧保守」への回帰?

安倍政権の特徴はむしろ市場に対する国家介入を強める方向にあり、その性格は多くの論者が指摘している。

野口悠紀雄によれば、企業への賃上げ要請や日本銀行への国債買い入れ強要など、安倍政権の姿は第二次大戦の総力戦体制下に作られた官僚主導の経済政策体制、すなわち「一九四〇年体制」への回帰そのものであった。経済政策に関する限り、安倍政権の国家介入政策は時代錯誤な「戦後レジームへの執着」に他ならない(14)。

井手英策もまた、安倍政権はケインズ型の公共投資による土建国家への回帰現象を示しているという。「アベノミクスの実態は公共投資と金融緩和というオーソドックスなケインズ政策の復活と見るべき(15)」なのである。豊永郁子は、経済発展という名目で行政が事業者に号令をかけるという手法において、「安倍政権は、まるで発展途上国で見られる「開発独裁」を夢見ているかのよう(16)」であると述べている。

このような安倍政権の性格について、古賀茂明の指摘は妥当だろう。「もちろん、「改革」は、言葉としては絶対に必要なので、「改革を止めるな」と言って選挙をやるわけですが、〔安倍政権は〕実際にはほとんど改革はやっていない」[17]。それゆえ、古賀によれば、第二次安倍政権は「改革政権」ではなく、「ほどほど政権」と位置づけられるという。

†「止揚」としてのアベノミクス

「ほどほど政権」としての折衷的性格を示すものが、アベノミクスである。アベノミクスの「第一の矢」は二パーセントの物価上昇を目標とした金融緩和、「第二の矢」の機動的財政政策は公共事業による景気浮揚策を目指したものである。これらはいずれも伝統的な自民党政治への回帰といえるものである。

他方、「第三の矢」が規制緩和による成長戦略であり、投資の促進と新たな市場創設、女性労働力の活用などが唱えられた。規制緩和は「改革の政治」の十八番であったが、医療、労働、農業などは相対的に規制緩和の遅れた分野であった。それゆえ第二次安倍政権は、地域や分野を限定して大幅な規制緩和を試験的に試みる国家戦略特区を導入し、競争の活性化とイノベーションの創出を目指した。

しかし、総じて「第三の矢」は本気度に欠けた。医療用医薬品の販売については引き続き医師や薬剤師の対面販売が義務づけられ、目玉とされた農協改革も業界の閉鎖的慣例を根本転換することなく、二〇一五年、大幅な譲歩をへて妥結された。K・カルダーは、「構造改革を行う「第三の矢」は日本の国内の政治経済を改変する兆候を一向に見せない[18]」と指摘している。

総じてアベノミクスの特徴は、中北浩爾が指摘するように、「自民党を悩ませてきた新自由主義的改革と利益誘導政治の矛盾を止揚する意味を持った[19]」点にあろう。すなわちアベノミクスとは、一九九〇年代以降の日本の保守政治を股裂きにしてきた「守旧保守」と「改革保守」との葛藤を一時的に不可視化させる「時間かせぎ」なのであった。

5 「改革保守」の刷新

†小池百合子と希望の党

二〇一六年、首都東京が新たな「改革保守」の震源地となる。東京都知事選に小池百合子が当選し、二〇一七年の東京都議選では都民ファーストの会が大躍進。小池はその余勢を駆って希望の党を設立し、二〇一七年衆院選ではにわかに台風の目となった。

「改革保守」の共通項は「行政に経営感覚を」という基本思想であり、小池の政治観もまた、徹底した「経営感覚」と「マーケティング目線」に基づいたものであった。小池によれば、「マーケティング目線」とは市場における自分の価値を高めていく戦略的視点である。そして、有権者が何を求め、どのような政治表象を好むかを把握し、自らの「見え方」をそれに適合させる立ち居振る舞いは小池の卓越した能力であった。

松井大阪府知事と小池東京都知事とを引きあわせた仲介役が竹中平蔵であったように、維新と希望の党はポスト小泉時代における構造改革路線の継承者であった。橋下がケンカ殺法で怒鳴る「野蛮な改革保守」であったとすれば、小池は「フフフ」と笑って煙に巻く「上品で都市型の改革保守」であったといえよう。

小池百合子（写真：アフロ）

†都市型「改革保守」としての希望の党

希望の党における「政治主導」を示すものが、小池が連呼した「スピード感」というキーワードである。小池は官僚的手続きの煩雑さを迂回し、政治家の即断即決によって迅速に行政サーヴィスを提供することを印象づけた。

小池が好んで発信した「しがらみ」批判は、希望の党における行政機構のスリム化を体現するものであった。「しがらみ」という言葉にはおそらく広狭二つの意味が重ねられていよう。すなわち広義の「しがらみ」とは、五五年体制下の利益配分によって生じた様々な「既得権」であり、「守旧保守」が依拠する利権構造である。他方、狭義の「しがらみ」とは、森友・加計学園で露見した安倍による「お友だち」への便宜供与であり、安倍政権の長期化に伴う縁故主義であろう。「しがらみ」とは、その定義を意図的に曖昧にされたまま、このような広義狭義双方の悪イメージを一身に帯びさせたレッテルであったといえる。

「しがらみの政治」に対峙されるのが、小池が体現する「身を切る改革」であり、具体的には議員定数の削減、首長の給与削減、公用車など議員や首長の特権削減、公務員の人員削減などが掲げられた。

†「リベラル」なポピュリズム

「リベラル」なポピュリズムもまた小池の特徴であった。小池は都議会自民党を自民党本部とは独立した「関東軍」と名指して敵役に定め、安倍との正面対決をしたたかに回避しながら、「勝てそうな敵＝都議会自民党」との対立構図を巧みに演出し、「風車に挑む女ドンキホーテ」という自己表象を構築したといえる。

政治学者の水島治郎は、日本のポピュリスト政党の特徴として、東京、名古屋、大阪など都市圏を拠点とする「大都市型ポピュリズム」の側面を指摘している。欧米のポピュリズムは、アメリカならラストベルト、フランスなら衰退した工業地帯をその培養土としてきたが、日本のポピュリズムは名古屋の河村たかし、大阪の橋下徹、そして東京の小池百合子と三大都市圏で支持されており、「大都市でポピュリズムが強いという、欧米とは正反対の構図[20]」を示している。

日本の「大都市型ポピュリズム」はまた、女性、環境、脱原発といった政策で「都市の比較的リベラルな中間層」に訴えかけようとしてきた。ＬＧＢＴの権利促進、たばこ規制、満員電車の解消、無電柱化による都市景観の向上といった希望の党のアジェンダは、比較的学歴の高い都市の中間層の共感を吸収するものであったといえよう。

†「フェミニスト小池百合子」？

小池の疑似「リベラル性」を示すものとして、たとえば女性政策がある。小池自身は決して「フェミニスト」を自称しないが、森喜朗や自民党東京都連のボス政治家など小池を取り巻くきわめて男性的な政治環境のなかで、小池は「男社会に立ち向かう孤軍奮闘の女性政治家」というアイコンを担っていく。

興味深いのは、小池自身も政界における男性性の呪縛を正確に見据えており、「個室・秘書・公用車」の三点セットなど男性権力者が求める地位やシンボルをしらっと評論家風に、岡目八目に捉えている点である。

しかし小池の凄みはまた、無意味な「男のプライド」を冷静に見据えながら、必ずしもそれを直截に批判しないことである。皮肉を入れながらもときに受けいれ、「フフフ、かわいいわね」といった姿勢を崩さず、そのうえで自分の立ち位置を「マーケティング戦略」にしたがって的確に定めるところに「小池流フェミニズム」の妙味があるといえる。

6 二〇一七年衆院選と「改革」の行方

†三つ巴構図の顕在化?

二〇一七年衆院選においても「改革」は依然として有力な政治的スローガンとなった。「朝日新聞」(二〇一七年一〇月一九日付夕刊)の「「改革」公約で連呼」と題された記事は、「「改革」や「革命」といった言葉がちょっとした流行になっている」として、自民党の公約では「働き方改革」など「改革」が四〇回使用されていること、希望の党も「改革保守政党」を旗印として「東京大改革」を公約に謳っていることなどを紹介している。

二〇一七年衆院選では、一九九〇年代以降の政界流動がおおよそ三つのかたちに収斂され、選挙戦は三つ巴《どもえ》の構図によって展開されたといえる。第一に、自民党と公明党を基軸とする与党勢力であり、相対的に「守旧保守」に寄ったアベノミクスに基づきながら、憲法改正を視野に入れる政治潮流である。

「改革」公約で連呼

自民40回「革命」も使用

衆院選の各党公約で、「改革」や「革命」といった言葉がちょっとした流行になっている。自民党が「改革」の使用回数を衆院選ごとに増やすなど、各党が強い言葉で有権者にアピールしている格好だ。一方で、こうした言葉をあえて使わない政党もあり、22日の投開票では「改革競争」の結果も注目される。

▼2面＝投票所876カ所減、11面＝五輪論戦すれ違い

各党の衆院選公約に登場する「改革」「革命」

党	語	回数
自民党	「改革」（「働き方改革」「男性の意識改革」）	40回
自民党	「革命」（「人づくり革命」「生産性革命」）	26回
希望の党	「改革」	17回
公明党	「改革」	32回
公明党	「革命」	3回
共産党	「改革」	37回
共産党	「革命」	0回
立憲民主党		0回
日本維新の会	「改革」（「身を切る改革」「統治機構改革」）	105回
社民党	「改革」	17回
日本のこころ		0回

「少子高齢化が急速に進む中で、日本が成長を続ける道は何か。二つの大改革で挑みます」

こんな安倍晋三首相のメッセージで始まる自民党の公約では、「働き方改革」「規制改革」「意識改革」など「改革」を40回使用。旧民主党から政権を奪還した2012年の衆院選公約の29回、前回14年衆院選の34回と比べて増えている。

狙いは、「この5年近く、アベノミクス改革の矢を放ち続けてきた」と自負する首相の姿勢を強調することのようだ。

さらに今回は、「生産性革命」「人づくり革命」といった「革命」も26回使用。広辞苑によると、「革命」には「従来の被支配階級が支配階級から国家権力を奪う」意味がある。伝統を重んじる傾向のある保守政党に似合わないイメージもあるが、同党の関係経験者は「森友・加計学園問題などで長期政権への飽きが出ているなか、より強い言

良い印象だけ残す「マジックワード」

フリージャーナリストの江川紹子さんの話　「改革」は前進や改善といった良い印象だけを残す「マジックワード」になっている。言葉のインフレーションになって、「革命」という、より刺激の強い表現まで使われる状態だ。

社会をより良いものに変えていく努力は必要だが、具体的に何をどのように変え、どのようなプラスとマイナスが生じるのか。政治家は説明する必要がある。

「改革」公約で連呼（「朝日新聞」2017年10月19日付夕刊）

第二に、希望と維新に代表された「改革保守」であり、規制緩和による経済成長を唱えて、安倍自民党に違和感や拒否感を持つ比較的高学歴層、若者・中年層、都市中間層の支持を吸収包摂する勢力である。

第三に、二〇一五年の安保法制反対デモの突き上げを受けながら、立憲民主党や自由党、共産党や社民党などが糾合した野党共闘路線であり、立憲主義擁護を結節点としながら安倍政権に対抗する選択肢を提供する勢力である。

†希望の党と「改革保守」の不発

二〇一七年衆院選において一躍「改革保守」の星となったのは、小池新党たる希望の党であった。

「身を切る改革」を旗印とする希望の党は、原発ゼロ、隠ぺいゼロ、企業団体献金ゼロ、待機児童ゼロ、満員電車ゼロ、電柱ゼロなど「12のゼロ」を掲げ、都市有権者のニーズに訴えた。しかし、希望の党は七議席減の五〇議席と低迷する。

小熊英二によれば、そもそも二〇一七年の東京都議選での都民ファーストの勝因は、小池人気よりも公明党・創価学会票の底上げ効果であった。メディアがそれを過大評価しただけで、「小池ブームは意外と小さかった」のであり、「「希望の党」の大勝は、初めから幻想だったといえる」[21]。

二〇一七年衆院選は「改革保守」の衰退を示すものであった。佐藤俊樹の次の指摘は妥当であろう。「平成の政治の基本潮流は「改革路線」でした。保守・革新の枠を超えて、政党の崩壊や分裂を繰り返しながら、改革の旗印が消えることはありませんでした。ところが、今回の衆院選ではその旗手に名乗りをあげた希望と維新が票を伸ばせなかった。「改革の時代」の終わりではないでしょうか[22]」。

†安倍政権と「瑞穂の国の資本主義」

二〇一七年衆院選に際して安倍政権も「改革」を連呼したが、その経済政策はむしろ「守旧保守」に親和的だったといえよう。

安倍政権のスタンスを象徴的に示すのが、安倍が折にふれて言及する「瑞穂の国の資本主義」なる概念である。瑞穂の国とは「豊饒な稲穂と米の国」という意味であり、「瑞穂の国の資本主義」とはすなわち「道義を重んじ、真の豊かさを知る瑞穂の国・日本にふさわしい資本主義の在り方[23]」である。

安倍は二〇一三年のインタビューで、自身に対する「新自由主義者」というレッテルを「的外れ」としながら、少数者に富が集中する「弱肉強食の資本主義」を否定し、「瑞穂の国には、瑞穂の国にふさわしい資本主義がある」と述べている[24]。

アメリカの日本研究者H・トバイアスによれば、安倍は伝統的な農耕社会に自助と公助との調和を見いだしており、アベノミクスに示される国家介入経済政策は、「「瑞穂の国」という言葉によって示唆された「古来日本の社会保障」の近代的バージョン[25]」なのである。そしてそれは、国民共栄の思想に基づき年金と保険制度を整備した岸信介政権の基本哲学の延長線上にあるものであった。

†野党共闘路線の出現

二〇一七年衆院選に現れた第三の選択肢が、立憲民主党や共産党、社民党、自由党による野党共闘路線である。

二〇一五年の民主党代表選では細野豪志、岡田克也、長妻昭の三者が立候補し、細野が野党再編を、岡田が党の自主再建を、長妻がリベラル勢力の結集を呼びかけた。この三者の立候補は下野後の民主党が持ちえた三つの方向性を過不足なく代表する芸術的な構図であった。

その後、民主党は民進党へと名前を変え、二〇一七年に前原を党首に選ぶと前原は唐突に希望の党への合流を打ち出し、保守派は合流、中間派は静観、リベラル派は反発して党は三分裂する。その結果、民進党は消滅し、細野や前原らは希望の党へ、岡田は無所属の会へ、枝野や長妻は立憲民主党へと分岐していった。

枝野を党首とする立憲民主党は野党共闘路線へと舵を切り、二〇一七年衆院選においては史上最少議席による野党第一党となった。立憲民主党の登場は、「改革の政治」を超えた新たな政治選択肢の萌芽でもあったといえる。

日本政治の今後は、立憲民主党がいかなる野党ブロックの再編成を行えるかに規定されよう。そのような模索の先に、新しい時代の政治対立軸が浮かび上がってくるであろう。

注

（1）青木理『安倍三代』朝日新聞出版、二〇一七年、二二六頁。
（2）小森陽一「「冷戦構造」と「五五年体制」崩壊後の日本社会」、岩崎稔・上野千鶴子・北田暁大・小森陽一・成田龍一編著『戦後日本スタディーズ③ 80・90年代』紀伊國屋書店、二〇〇八年、七五頁。
（3）菅原琢「安倍政権は支持されているのか――内閣支持率を分析する」、中野晃一編『徹底検証安倍政治』岩波書店、二〇一六年、三八―三九頁。
（4）中北浩爾『自民党――「一強」の実像』中公新書、二〇一七年、二八八頁。
（5）前掲書、一四七頁。

(6) 中野潤「「公明嫌い」の首相が強める公明依存——官邸と公明党・創価学会をめぐる基本構図」、中野晃一編『徹底検証 安倍政治』岩波書店、二〇一六年、四八頁。
(7) 古賀茂明、柿崎明二・古賀茂明・中野晃一「座談会 何が安倍政権を支えているか」、前掲書、二二頁。
(8) 御厨貴『安倍政権は本当に強いのか——盤石ゆえに脆い政権運営の正体』PHP新書、二〇一五年、九〇頁。
(9) 渡辺治「安倍政権とは何か」、渡辺治・岡田知弘・後藤道夫・二宮厚美『〈大国〉への執念 安倍政権と日本の危機』大月書店、二〇一四年、一二頁。
(10) 枝野幸男、山口二郎編著『日本政治 再生の条件』岩波新書、二〇〇一年、七七頁。
(11) 成田憲彦「安倍1強が招いたゆがみ」『毎日新聞』二〇一八年三月一三日。
(12) 渡辺治「戦後安保体制の大転換と安倍政権の野望」、渡辺治他『戦後70年の日本資本主義』新日本出版社、二〇一六年、二二頁。
(13) 森原康仁「TPPと国内改革——新自由主義的統治性の下での対外政策」『哲学と現代』名古屋哲学研究会、第三二号、二〇一七年二月、七頁。
(14) 野口悠紀雄『戦後経済史——私たちはどこで間違えたのか』東洋経済新報社、二〇一五年、三二〇—三二一頁。
(15) 井手英策「経済」、小熊英二編著『平成史【増補新版】』河出書房新社、二〇一四年、二一二頁。
(16) 豊永郁子「素顔の安倍政権」『朝日新聞』二〇一四年一〇月八日。
(17) 古賀茂明、柿崎明二・古賀茂明・中野晃一「座談会 何が安倍政権を支えているか」、中野晃一

編『徹底検証 安倍政治』岩波書店、二〇一六年、八頁。
(18) K. E. Calder, *Circles of Compensation: Economic Growth and The Globalization of Japan*, Stanford University Press, Stanford, 2017, p. 7.
(19) 中北浩爾『自民党――「一強」の実像』中公新書、二〇一七年、二〇二頁。
(20) 水島治郎「小池氏の実像は」『朝日新聞』二〇一七年一〇月五日。
(21) 小熊英二「「3：2：5」の構図――現代日本の得票構造と「ブロック帰属意識」」『世界』岩波書店、二〇一八年一月号、八一―八二頁。
(22) 佐藤俊樹「平成の政治とは」『朝日新聞』二〇一七年一一月一日。
(23) 安倍晋三、安倍晋三・加地伸行「安倍総理 明治150年特別対談 国難突破！ 輝く日本へ」『WiLL』ワック出版、二〇一八年五月号、四七頁。
(24) 安倍晋三『新しい国へ――美しい国へ 完全版』文春新書、二〇一三年、二四六頁。
(25) H. Tobias, 'The Intellectual Origins of Abenomics', Sasakawa USA, March 28, 2016, p.11.

終章　日本政治のオルタナティヴ

1　「守旧保守」と「改革保守」を超えて

†利益配分政治の閉塞

「改革の政治」というトレンド、すなわち日本の保守政治の「守旧保守」から「改革保守」への自己脱却は、一九九〇年代以降、「保守」と「革新」を代替する対立軸となってきた。終章では、二〇二〇年以降のコロナ危機を受けた今、「改革の政治」に代わるこれからのヴィジョンを模索してみたい。

まず二一世紀を展望するにあたり、日本政治が昔懐かしの「守旧保守」による利益配分政治に回帰することはおそらく困難であろう。

二〇世紀後半は高度成長の時代であり、経済の拡大は国民生活の向上によって社会問題を不可視化させる万能薬であった。一九六〇年代以降、自民党は「成長はすべての矛盾を解決する」（チャーチル）という言葉を地で行く産業振興によって社会の安定をもたらしてきた。

しかし、一九九〇年代以降の日本経済は低成長の時代にあり、高度成長期のような年一〇パーセントの経済成長はもはや困難である。消費増税に対する国民世論の反発も強く、利益配分政治はその原資を捻出できない。佐々木毅が指摘するように、利益誘導政治は「経済の絶えざる成長を前提にしてのみ可能であったという点で明らかに時代性をもっていた」[1]のである。

†「新自由主義」の失速

他方、過去四〇年間にわたって主要先進国の政治を枠づけてきた「新自由主義」も失速しており、日本におけるその現れとしての「改革保守」もまた勢いを失っている。

一九八〇年代以降、英米は経済のグローバル化に即した産業構造の転換を行い、主要産業は製造業から金融業へと大きくシフトしてきた。平成年間の日本政治もまた、基本的には同様の路線のうえに民営化や規制緩和を推進してきたといえる。

しかしながら、二〇〇〇年代に入ると移民や自由貿易に対する反動としてヨーロッパを中心に外国人排斥や各国の主権回復を掲げる右派ポピュリズムが登場する。二〇一六年のイギリスのEU離脱とアメリカでのトランプ当選は、このような「反グローバリズム」の波の英米到来を示す決定打であった。トランプの大統領就任を受け、新自由主義はもはや「忠実な傾倒者なきゾンビ・イデオロギー」(2)に成り果てたのである。

ここにおいて、第二次安倍政権が進めたアベノミクスは、すでに失効した利益配分政治とすでに失速している疑似「新自由主義」とを足しあわせた折衷策にすぎない。それは展望なき時代における「時間かせぎ」（シュトレーク）であり、決して日本政治の「新しいレジーム」たりえないだろう。

†「革新」は復権するか？

では、ポスト・コロナ時代にあって、五五年体制下での日本政治の対抗軸であった「革新」は復権するだろうか？

一九九〇年代以降、「改革の政治」が日本を席巻するにつれ、旧来の「革新」が存在感を失ったことには理由がある。「守旧保守」と「改革保守」との抗争は、「革新」にとってはしょせん広義の「保守支配層」の内部抗争であり、いわば「保守の内ゲバ」であった。

そのなかで「革新」は、規制緩和や民営化を進める「改革保守」を正面から批判してきたが、だからといってそれまで利益誘導と金権腐敗に満ちてきた「守旧保守」を擁護するわけにもいかなかった。「守旧保守」と「改革保守」との抗争は、「革新」の立場からすればいずれにも肩入れできない敵同士の抗争であり、「革新」はその双方に対して批判的態度を取らざるをえなかったのである。

しかし問題は、かつての「革新」自身も、混迷する日本政治において「もう一つのオルタナティヴ」を説得的に提示できなかったことである。その結果、リベラル派や左派は、政治を呪縛するナラティヴのなかで「なんでも反対」という退嬰的イメージを帯びていった。

かつてマルクスは、「一九世紀の社会革命はその詩情を過去から得ることはできず、未来から手に入れる以外にはない」と述べた。二一世紀の政治革命もまた、過去の追憶にではなく、未知の未来へ果敢に踏み出す勇気が求められているのである。

2 市民社会の活性化

日本政治のありうべきオルタナティヴの方向性を、市民社会の活性化、国家の復権、公正なグローバリズムという三つの柱から浮かび上がらせてみたい。

これからの日本政治に必要なのは、まず初めに市場を含む市民社会の活性化であろう。一九八〇年代以降の「新自由主義」の席巻は、既存の共産主義国家と比べてイノベーションや新発明という点で明らかに比較優位を持っていた。その弊害ゆえに「新自由主義」の比較優位を否定することは、いわば産湯とともに赤子を流す愚である。ポスト・コロナ期の日本政治もまた、小さくすべき政府機能は可能な限り小さくし、市場に任せたほうが自由に発展する分野は大胆に市民社会に委ねるべきであろう。

新産業として注目したいのが、二〇〇〇年代以降に浸透した、インターネットによるマッチングを通じて遊休資産を共有する仕組み、すなわちシェアリング・エコノミーである。とりわけ急成長しているのが交通と宿泊であり、その代表例がライドシェアの草分けであるウーバーと民泊サーヴィスを提供するエア・ビー・アンド・ビーである。今後、シェアリング・エコノミーは耐久消費財や家事代行など広範囲に拡大していくと推測される。

このような変化は若年世代で受容されており、新品を購入するより中古品をシェアしたほうが生活満足度を高められると考える人が増えている。シェアリング・エコノミーは「共有と助け合いの仕組み」（白川真澄）であり、循環型経済を構築するための転換点となりうるであろう。

そのためには、既存制度を転換する大胆な規制緩和が必要になる。たとえば、ライドシェアを推進するためには白タク行為を禁じた道路運送法の改正が必要であり、民泊を促進するためには旅館業法の緩和が必要になってくる。市民社会における共有経済が円滑に行われるよう、国家はその役割をより限定的なものに変容させていく必要があるだろう。

3　機能する政府の復権

†公平な税制

これからの日本政治を方向づけるヴィジョンは、しかし、政府しかその担い手がいない公共サーヴィスにおいてはむしろ大胆にその復権を要求する。そしてコロナという世界的パンデミックは、自粛や一定の私権制限を伴う行政の権力発動、事業者への大規模な経済支援、さらには大規模なワクチン普及という前例のないプロジェクトを必要とし、良くも悪くも政府の役割をあらためて痛感させている。

徴税は国家の中枢機能であり、国家の復権は第一に公平な税制の確立としてなされなければならない。一九八〇年代以降、英米では所得税率のフラット化が進行し、資産格差は明確に拡大してきた。日本でも一九九〇年代以降、大企業や高額所得者を優遇するかたちで課税ベースが縮小し、所得税や法人税の税率も漸次低下している。

一九世紀を通じて拡大した貧富の格差は、二度の世界大戦によってガラガラポンされ、総力戦に伴う強力な重税や社会の流動化によって平準化された。しかし、二一世紀における富の不平等は、民主的要求の圧力を通じた公正な税制の実現によってしか解決しえない。ピケティの述べるように、「資本主義のコントロールを取り戻したいのであれば、すべてを民主主義に賭けるしかない(3)」のである。

たとえば所得税の最高税率は一九七四年には七五パーセントだったが、段階的に累進性が緩和され、二〇一五年以降は四五パーセントとなっている。この趨勢を反転させ、最高税率を七〇パーセント台に戻して累進性を強化する必要がある。

金融所得の総合課税化も必須の課題となっている。一九九〇年代以降、高額所得者の所得内訳では利子や株式譲渡益といった金融所得の割合が急上昇した。しかし、給与所得には累進課税が適用されるのに金融所得に対しては一律二〇パーセントの軽税率となっており、そのため年収一億円を超えると税負担率が下がるという不公平税制となっている。金融所得と給与所得とをあわせて累進課税する総合課税の導入は喫緊の政治課題である。

法人税も一貫してその税率が低下しており、その税率は一九八九年の四〇パーセントから二〇二〇年では二三・二パーセントに下がってきた。現行の法人税率を少なくとも三〇パーセント程度に戻すことが必須であろう。

このような税制改革は立憲民主党から国民民主党、共産党や社民党を含めたコンセンサスになりつつある。野党は、消費減税をめぐる数字の差異によって、それよりはるかに大きなこれらの共通性を絶対に見失ってはならない。

†教育と社会保障

教育と社会保障は二一世紀においてなお政府が主導的役割を果たすべき分野であり、国家は第二にこの領域において復権されなければならない。

二〇一四年のOECDによる報告書「格差と成長」によれば、一九九〇年以降、OECD諸国において所得格差が経済成長の低下を招いてきたという。貧困層において教育投資が落ち込み、知識や技能の習得機会が限られ、親から子どもへの貧困の再生産が生まれているのである。したがって、就学前教育の無償化、大学教育における奨学金の拡充などが必要になろう。

日本の国民皆保険は世界に誇るべき制度であり、絶対に放棄すべきではない。そのうえで、現在、逆進的な仕組みになっている保険料負担率について、民主的な討議の下で見直しを行っていくべきであろう。年金制度については複雑な制度を一元化し、国民年金（基礎年金）のみでも最低限の生活が送れるよう、その充実と持続化が求められる。

†国家による雇用政策

政府が果たすべき喫緊の役割は、第三に雇用政策、とりわけ正規と非正規の格差是正である。バブル崩壊後、大企業正社員や公務員は依然として手厚い身分保障がなされている反面、非正規雇用は一九九〇年の八八一万人から二〇二〇年には二〇九〇万人と激増している。

非正規雇用を是正するには、北風と太陽との二つのアプローチが必要となる。北風としては、政府が労働法制によって労働市場に介入し、正規と非正規の処遇や賃金の同一原則を定めたり、非正規社員の無期転換や正規雇用を義務づけるなどの施策が必要になろう。

他方、太陽政策とは、長期的な景気回復によって労働市場を「買い手市場」から「売り手市場」へ転換させ、人手不足によって正規社員の漸増をもたらすアプローチである。

†国家主導によるエネルギー転換

国家の果たすべき役割として、第四に自然エネルギーへのインフラ転換が挙げられる。

自然エネルギーへの政府投資は、その分野における新産業を育成し、新たな雇用や経済成長の裾野を広げるだろう。

省エネ技術において日本はすでに先進国にあり、電気自動車やエコカーの開発改良、ビルや住宅のエネルギー効率の向上を進めていく必要がある。再生可能エネルギーでは太陽光や太陽熱、水力、地熱、風力、バイオマスなどによる発電技術の実用化と、小規模分散型の発送電を可能にするインフラ、すなわちスマートグリッドの整備が求められている。

産業構造の大転換においては国家による強いテコ入れが必要であり、政府はこれらの分野への大胆な教育投資と研究開発投資を行うべきであろう。

†コロナ時代の政府の役割

コロナという世界的パンデミックをへて、あらためて経済と医療の双方で政府の役割が再認識されている。世論もまた、長期化する感染症への対策を求めて、公共サーヴィスの規模の大きい「大きな政府」、責任ある政府の復権を求める声が高まっている。[4]

コロナ危機が日本に上陸した二〇二〇年春以降、飲食業はコロナ危機における「炭鉱のカナリア」であり、「三密」回避のために休業や時短営業を要請され、真っ先に打撃の症状が現れた業種であった。その後、危機は宿泊業、観光業、卸売業などへと伝播していった。

思わぬ経済活動の一時停止に対し、政府は持続化給付金や雇用調整助成金を発表・拡充させ、各自治体も独自の支援金を繰り出していった。パンデミックに際して政府は大胆に給付金を出動させる他なく、大規模な経済支援は不可避といえる。菅《すが》政権はその政策の優先順位から見て本来は「新自由主義」色の強い政権であったが、しかし「コロナ対応によって大規模な財政出動を余儀なくされた新自由主義政権」となった。

また、保健所や医療体制も抜本的に強化する必要がある。コロナ禍は、過去三〇年間の行政改革の結果、保健所が八四八から四六九まで削減されていたこと、その常勤職員も三万四〇〇〇人から二万八〇〇〇人に削減されていたことを明らかにした。そのため保健所はパンク状態となり、殺到するコロナ感染者に対応できなくなった。医療や公衆衛生に関わる政府や自治体の予算や人員を増強する必要が再認識され始めている。

また、コロナが未知のウイルスならば、それに対する大規模なワクチン普及体制の確立も前例のないプロジェクトであり、どの政党が政権を担当していようと一定の試行錯誤は不可避であろう。ワクチンの早期普及はコロナ出口戦略の鍵であり、世論によるワクチンへの期待は高く、与野党はいずれも「コロナ対応に政局なし」の態度で状況の打開に協力しなければならないはずである。

4　公正なグローバリズム

†国際的平和主義

これからの日本政治を導く長期的な展望は、国家の復権と一見矛盾するように聞こえるが、グローバリズムを不可避の趨勢と受けとめ、「新自由主義グローバリズム」とは異なる公正なグローバリズムを要請するであろう。

公正なグローバリズムのために日本が果たすべき役割として、第一に、日本国憲法前文に依拠した国際的平和主義が挙げられる。戦力の不保持を定めた憲法九条は日本政治を導く指針であり続けている。そのうえで、日本国憲法はその成立過程において国連による集団安全保障を想定しており、憲法前文の国際的平和主義は日本による国連を通じたグローバル課題への貢献を求めてもいる。

事実、冷戦終結後の自衛隊の海外派遣は、アメリカへの軍事支援が論争を起こしてきたが、その反面で国連平和維持活動（ＰＫＯ）への着実な貢献が積まれてきたのも事実である。一九九二年の国際平和協力法に依拠し、自衛隊はカンボジアでの停戦監視やルワンダでの難民支援、ハイチでの地震復興支援、西アフリカでのエボラ熱拡大防止活動などの非軍事的な国際貢献を重ねてきた。もちろん、なし崩し的な海外派遣は許されないが、国民世論の支持と法律的根拠を伴った国連平和維持活動への貢献は積極的に評価されるべきであろう。

†グローバル課税

公正なグローバリズムに向けた日本の貢献は、第二に、グローバル課税の促進である。一九八〇年代以降、経済のグローバル化によって世界市場は成立したが、それを規制する世界政府の姿が追いついていない。国家単位では徴税と再分配を担う政府があるように、国際的な規模で課税を行うグローバルな国際機構をめぐる議論が始まっている。

上村雅彦によれば、グローバル課税とは「グローバル化した地球社会を一つの〝国〟と見なして、地球規模で税制を敷くこと」であり、それは世界規模での富の情報共有、国境を越えた税制、徴税と分配のための新たなガヴァナンスの創造という三つの柱からなる。(5)

すでに実行段階にある制度として、航空券購入に際して税を支払う航空券連帯税や、金融取引をするたびに税金がかかる金融取引税がある。日本でも二〇〇九年に寺島実郎を座長として国際連帯税推進協議会が設立され、これらの国際課税の日本導入を提唱している。

このような大胆な提案の先に、世界政府への展望が拓けるであろう。

†気候変動対策

公正なグローバリズムは、第三に、気候変動に対する日本政府の積極的関与を要求する。気候変動対策としては二〇一五年にパリ協定が締結され、世界の平均気温上昇を産業革命前比で二度以内に抑制することや新興国も先進国同様に温室効果ガス削減義務を負うことなどが決められた。

しかし、二〇一八年には気候変動に関する政府間パネル（ＩＰＣＣ）が報告書を発表。二度以内の上昇であっても海面上昇や生物多様性の喪失など破滅的な環境変化が生じると警鐘を鳴らし、気温上昇を一・五度以内に抑える必要性が共有され始めている。

これらの変化を受け、二〇二〇年のアメリカ大統領選では気候変動対策が主要アジェンダに躍り出ている。日本もまたイニシアティヴを期待されており、パリ協定で定められた温室効果ガス削減目標を着実に達成するとともに、新興国における環境対策のための技術移転や財政支援が求められている。

†「展望への旅」に向けて

もとより、混迷する現代政治の暗中にあって、この先の展望は必ずしも開けているわけではない。しかし、ネイティブ・アメリカンの習慣では、思春期を迎えた少年は自らの未来を示す指針を求めて「展望への旅（vision quest）」に出るという。

日本政治とそれを担うわれわれ有権者もまた、これまでの常識や惰性を排し、ときに自らを脅かすような自己変革をも厭わず、未知の領域に足を踏み入れるvision questに踏み出す勇気こそが求められている。

注

（1）佐々木毅編『21世紀デモクラシーの課題――意思決定構造の比較分析』吉田書店、二〇一五年、一〇頁。
（2）S. Leonard, 'Zombie Ideology', *The Nation*, May 22/29, 2017, p. 1.
（3）トマ・ピケティ『21世紀の資本』山形浩生他訳、みすず書房、二〇一四年、六〇三頁。
（4）「漂う不安感、「大きな政府」求める」『朝日新聞』二〇二〇年四月二五日。
（5）上村雅彦『不平等をめぐる戦争――グローバル税制は可能か？』集英社新書、二〇一六年、八八頁。

あとがき

私を本書の執筆に駆り立てたのは、現代日本政治の構図をひもとく一つの認識枠組《フレームワーク》を摑みたいという、きわめて内面的な動機であった。その背景には、私が物心ついて以来、一九九〇年代以降の日本政治が出口の見えない混迷を続けてきたという同時代的な問題意識、強いていえば危機感があった。

一九八〇年生まれの私は、同世代の歴史学者の與那覇潤（一九七九年生まれ）が指摘するように、「「冷戦の終焉」を覚えている最後の世代」に属している。早熟な政治少年だった私は、思春期に昭和天皇の死去やベルリンの壁崩壊、冷戦の終焉を目の当たりにし、多感な青春時代に世界的変動の轟《とどろ》きを感じてきた。一九九〇年代後半にはイギリスのブレア政権、ドイツのシュレーダー政権などヨーロッパ社会民主主義勢力の中興があり、ポスト冷戦期の中道左派の確実な自己刷新に強く惹かれた。アジアに目を向ければ韓国で金大中大統領、台湾で陳水扁総統が誕生するなど、長きにわたる民主化運動の成果が花開いた時代でもあった。

しかし、足元の日本を見ると、一九九三年の政界再編以降、日本政治のみが長期にわたる漂流の時代に突入していった。かつての「保革対立」は急速に消失していったが、それに代わる新たな対立軸は見えにくく、政治の明確な選択肢を求めて政党も有権者も模索を続けてきた。不透明な時代のなかで呻吟する日本政治の姿は、その混迷を解きほぐし、新たな展望を探す作業の必要を私に感じさせてきた。

ここにあって、「改革」は私にとって政治を読み解く梃子であり突破口であった。過去五年間の私は、「改革」にこだわり、その言葉の文脈を探り、意味を確定させ、「改革」への態度をめぐって平成政治史を捉える作業に没入してきた。すなわち、「守旧保守」と「改革保守」との抗争を一つの定点観測の基準に設定し、その下に個別具体的な政治の変化を位置づけ、現代政治を捉える一貫した認識枠組《フレームワーク》を描き出そうと努めてきたのである。

この対立軸をクリアに表現しようとするにあたって、念頭にあったのはマルクスの古典的著作『ルイ・ボナパルトのブリュメール十八日』（一八五二年）であった。同書はフランス二月革命を対象としたマルクスの政治叙述であり、革命を担った諸勢力を力強く活写したその筆致に、政治学者の通例にもれず、私も強く魅せられたのである。

『ルイ・ボナパルトのブリュメール十八日』には興味深い点が二つある。第一に、あれほど下部構造を重視し、経済の生産関係から政治を見てきたマルクスが、それとの連関のなかで上部構造を、すなわち革命という最大の「政局」を見事に分析していること。権力の流動期における諸党派の攻防、その渦中での政治家の人物像など、「政治学者マルクス」による憎たらしいほど冷静な政局評論があり、私はその方法論に影響されたといえる。

第二に、同書のなかでマルクスが「味方」ではなく「敵」ばかりを分析していること。二月革命を彩る様々な登場人物のなかで、マルクスが肩入れしている労働者階級は六月暴動であっけなく舞台から抜け落ちてしまった。その後は、保守的な農民やプチブル、王党派や金融貴族など、マルクスがどうしようもないと思っている有象無象だけが舞台に残り、くんずほぐれつの権力闘争を繰り広げる。『ルイ・ボナパルトのブリュメール十八日』の面白さは、マルクス自身が決して肩入れしていない「敵」ばかりをマルクスが岡目八目的に、醒めた目で分析した点にあり、だからこそ諸勢力間のダイナミックな描写が可能になったといえよう。

マルクスのひそみに倣ったといえばあまりにおこがましいが、「守旧保守」と「改革保守」という壮大な「保守の内ゲバ」を前にして、私自身が心がけたのもこのような視座である。すなわち、平成年間の産業の構造変化、いわゆる「新自由主義グローバリズム」の趨勢を日本の政変との関連のなかで浮き彫りにすること、それも可能なかぎり醒めた目で、しらふのまなざしで描き切ること、しかし、その先の展望を模索するにあたっては「意志の楽観主義」（グラムシ）を信じること――。このような狙いが成功しているかどうか、今はすべてを読者の判断に委ねるしかない。

本書に連なる思索は、多くの方々への学恩に負っている。

大学院での指導教員であった森政稔先生は、かねて「改革」の趨勢への批判的な問題意識を秘められており、私は大学院時代の折々にその謦咳に接するなかで、いつしか「門前の小僧習わぬ経を読む」を地でいくかたちで、「改革」へのこだわりを自分自身の課題として引き継いだと感じている。本書で示した私の分析と展望が森先生のそれと合致するかどうか、その吟味をただ恐れ慄くしかないが、これまでの学恩への一つの応答としたい。

批判的政治学の伝統と現実政治に対する厳しい独立性を把持しながら、アカデミズムの外に飛び出した不肖の弟子を温かく見守ってくださる加藤節先生にも変わらぬ敬愛をお伝えしたい。

「改革の政治」という定点観測を設定するにあたって、大嶽秀夫、中北浩爾、平野浩、中野晃一の各先生の研究からとりわけ強い触発を受けており、心から感謝したい。広く現代日本政治をめぐる知見の源として、佐々木毅、K・E・カルダー、山口二郎、蒲島郁夫、久米郁男、待鳥聡史、竹中治堅、遠藤晶久&ウィリー・ジョウ、三浦まり、五野井郁夫の各先生の著作にも多くを負っている。

また、渡辺治先生の一連の論考にも、いわばその胸を借りるかたちで自説を展開させてもらった。認識の共通点と相違点を含めて、その圧倒的な力量に敬意を表したい。

本書の要点は、二〇一八年の「若手専門家米国派遣プロジェクト（New Voices From Japan）」におけるアメリカでの報告発表と重なっており、その際にコメントを頂いた佐橋亮、中山俊宏、そしてE・リンカーンの各先生にも謝意を申し上げたい。

「改革の政治」をめぐる洞察はまた、デモや社会運動、雑踏やストリートで交わされた侃々諤々《かんかんがくがく》の多事争論のなかで紡ぎだされたものである。

運動と思索とのなかで私を刺激し、ときに激しく議論し、ときに深く共感し、私の知見を開いてくれた論客たち、木下ちがや、森原康仁の両氏、そして白川真澄さんに深く感謝する。

互いの全政治的実存を賭して議論を挑み、また私を啓蒙してくれた「魁！政治塾」の論客たち、坂本健、みちゃさん、めぷさん、小宮愉有、そして自由への飽くなき追求を続けるすべての実践者へ、頂いたインスピレーションへの謝辞を送りたい。

そして、「改革の政治」に代わるオルタナティヴを求めて活動をともにする門田佳子、馬庭恭子、筏朋也、藤本敏彰の各氏へも深く感謝を申し上げる。

また、私を理解して発表の場を与えてくれた岩波書店の押川淳さん、朝日新聞の樋口大二さん、青土社の足立朋也さん、そして本書に価値を見いだしてくださった筑摩書房の松田健さん、田所健太郎さんにも深く謝意を示したい。

政治は人間の生を左右し、その移り気な恣意に支配されるところに人間の悲惨がある。しかし、それでもなお政治を主体的に作り上げ、自らの運命を切り開くところに人間の栄光がある(加藤節)。とすれば、「改革」の三〇年のその先を導く展望もまた、自ずと現実のなかに想起されるであろう。政治の新たなオルタナティヴを作り上げようとする人間の主体性を信じて、この本を世に問うことにしたい。

二〇二一年八月

大井赤亥

ちくま新書
1597

現代《げんだい》日本《にほん》政治《せいじ》史《し》
――「改革《かいかく》の政治《せいじ》」とオルタナティヴ

二〇二一年九月一〇日　第一刷発行

著者　大井赤亥（おおい・あかい）
発行者　喜入冬子
発行所　株式会社　筑摩書房
東京都台東区蔵前二-五-三　郵便番号一一一-八七五五
電話番号〇三-五六八七-二六〇一（代表）
装幀者　間村俊一
印刷・製本　三松堂印刷　株式会社

ISBN978-4-480-07342-6 C0231